JN081079

VOAで聞き読み
SDGs
英語ニュース入門

コスモピアeステーション編集部・編

コスモピア

はじめに

　2020 年に「行動の 10 年（Decade of Action）」※1 が始まった前後で、「SDGs」という言葉をよく聞くようになりました。SDGs は「Sustainable Development Goals」の略で、多くの場合「持続可能な開発目標」と訳されます。2015 年に国連サミットで採択され、そこに記された目標を、各国は 2030 年までに達成することを目指しています。

　本書では、その SDGs17 の目標について解説しつつ、アメリカの国営放送「Voice of America」（VOA）を題材に、英語で SDGs に関するニュースを聞いたり読んだりすることができるように学習素材をまとめています。SDGs は世界中が共通して抱える課題であるため、英語学習をする方にとってはなじみやすいテーマではないでしょうか。

　もちろん SDGs 自体をどれだけ明確に意識しているかは国によって事情が異なるでしょう。しかしその中にある目標には地球温暖化やジェンダー平等など、昔から議論されてきたものが多くあります。SDGs を用いて英語を学ぶことで、そういったテーマについて世界は今どういう状況なのかを広く押さえることができるようになります。

※1　SDGs 進捗の遅れを受けて、2019 年の国連総会で打ち出されたスローガン。2030 年までの目標達成のため、各国の行動の加速化を求めた。

本書で対象にしているのは、主に以下のような方たちです。

● 高校レベル以上の英語を学んでおり、もう少し広いテーマを用いて英語を学びたい方
● SDGs について、英語で情報（特にニュース記事）を集めたい方
● SDGs に興味があり、できればそれをテーマに英語を学んでみたい方

　ひとくちに SDGs と言っても、その 17 目標の中には先述の通り、長い歴史的経緯を経て取り組まれてきた目標が数多くあります。本書で紹介できるのはそれぞれの基本事項にはなりますが、それでも今後の SDGs をテーマとした英語学習に十分役立つでしょう。

　また本書で紹介する VOA 記事はすべて、弊社が提供するサービス「コスモピア e ステーション」に掲載されているものです。本サービスには、本書で紹介する記事以外にも数多くの SDGs 関連コンテンツが掲載されています。合わせてご活用ください。

2021 年 6 月
コスモピア e ステーション編集部

CONTENTS

Part 1 人間 People　　　　　　　　　　　　　16

Photo: SolStock/iStockphoto

Part 2 **繁栄 Prosperity** **96**

CONTENTS

Photo: metamorworks/
iStockphoto

Part 3　地球　Planet　162

Photo: libre de droit/
iStockphoto

Part 4

平和・パートナーシップ　Peace・Partnership　220

Photo: libre de droit/
iStockphoto

本書の構成と使い方

項目ごとのとびら

本書では SDGs の各 17 目標と VOA ニュース記事を、人間（People）、繁栄（Prosperity）、地球（Planet）、平和（Peace）・パートナーシップ（Partnership）の 4 つのグループに分けて紹介し、解説します。

4 つに分けられたグループ名のうちの一つです。平和とパートナーシップのみ、一緒に紹介します。

Part 1
人間
People

「5つの P」の最初は People（人間）です。SDGs では、人間が人間らしく生きられるための目標として、貧困や飢餓の撲滅、健康福祉・教育・衛生面の充実、そしてジェンダー平等の達成を謳っています。

日本に生きる私たちが最も意識するべきは目標 5 のジェンダー平等の達成でしょうが、それ以外の目標もポイントを絞って達成を意識すべきものがあります。たとえば、貧困の撲滅（目標 1）については相対的貧困率の改善、飢餓の撲滅（目標 2）では栄養バランスの改善といったものが挙げられます。

ポイントを押さえることで、実生活に根ざした形で SDGs が何を目指しているのかがわかるようになるのではないでしょうか。

Photo: fizkes/Shutterstock.com

グループについての解説です。ここでグループに属する目標を確認した上で、それぞれの解説ページに進んでください。

この項目で解説する目標の一覧です。各目標のタイトルは、SDGs ロゴの日本語コピーより引用しています[※1]。

※ 1　SDGs のアイコン - 国際連合広報センター
　　　https://www.unic.or.jp/activities/economic_social_development/sustainable_
　　　development/2030agenda/sdgs_logo/sdgs_icon/

解説

各目標について、日本と世界それぞれの観点で見たときの解説をします。

このページで解説している目標です。

国連採択文書に記載された各目標の訳文（公益財団法人地球環境戦略研究機関（IGES）作成「SDG Compass：SDGsの企業行動指針」より引用）と、英語原文（国連文書 A/RES/70/1「Transforming our world: the 2030 Agenda for Sustainable Development」*2 より引用）を記載しています。

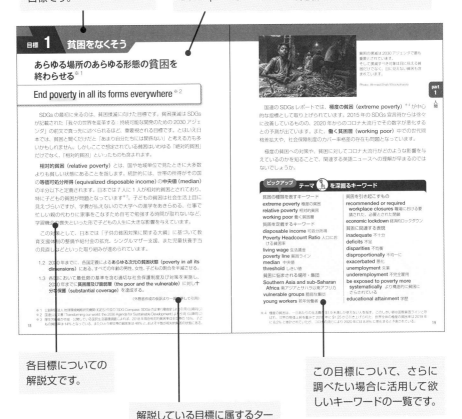

目標 1　貧困をなくそう

あらゆる場所のあらゆる形態の貧困を終わらせる※1

End poverty in all its forms everywhere※2

SDGsの最初に来るのは、貧困撲滅に向けた目標です。貧困撲滅はSDGsが記載された「我々の世界を変革する：持続可能な開発のための2030アジェンダ」の前文で真っ先に述べられるほど、重要視される目標です。とはいえ日本では、貧困と聞くだけだと「あまり自分たちには関係ない」と考える方も多いかもしれません。しかしここで想定されている貧困にはいわゆる「絶対的貧困」だけでなく、「相対的貧困」といったものも含まれます。

相対的貧困（relative poverty）とは、国や地域単位で見たときに大多数よりも貧しい状態にあることを指します。統計的には、世界の所得がその国の**等価可処分所得**（equivalized disposable income）の**中央値**（median）の半分以下と定義されます。日本では7人に1人が相対的貧困とされており、特に子どもの貧困が問題となっています※3。子どもの貧困は社会生活上目に見えづらいですが、学費が払えないので大学への進学をあきらめる、仕事で忙しい親の代わりに家事をこなすため自宅で勉強する時間が取れないなど、学習機会の喪失といった形で子どもの人生に大きな影響を与えています。

この対策として、日本では「子供の貧困対策に関する大綱」に基づいて教育支援体制の整備や給付金の拡充、シングルマザー支援、また児童扶養手当の見直しなどといった取り組みが進められています。

1.2　2030年までに、各国定義によるあらゆる次元の**貧困状態**（poverty in all its dimensions）にある、すべての年齢の男性、女性、子供の割合を半減させる。

1.3　各国において最低限の基準を含む適切な社会保護制度及び対策を実施し、2030年までに**貧困層及び脆弱層**（the poor and the vulnerable）に対し**十分な保護**（substantial coverage）を達成する。

（外務省在成の仮訳より一部変更して引用）

※1　公益財団法人 地球環境戦略研究機関（IGES）作成の「SDG Compass: SDGsの企業行動指針」より引用
※2　国連文書「Transforming our world: the 2030 Agenda for Sustainable Development」より引用（出典は巻末に記載）
※3　厚生労働省が2019年に公開している直近の生活基礎調査によると、2018年時点相対的貧困率は全体の15%、子どもの貧困率は14%となっている。またひとり親世帯の貧困率は48%と、およそ半数が相対的貧困の状態にある。

貧困の撲滅は2030アジェンダで最も重要とされている。そして貧困を撲滅すべき対象は目に見える貧困だけでなく、目に見えない貧困も含まれている。

Photo: Ahmad Shah/iStockphoto

part 1 人間

国連の SDGs レポートでは、**極度の貧困**（extreme poverty）※4が中心的な指標として取り上げられています。2015年のSDGs宣言時からは徐々に改善しているものの、2020年からのコロナ大流行でその数字が悪化するとの予測が出ています。また、**働く貧困層**（working poor）中での世代間格差拡大や、社会保障制度のカバー率格差の存在も問題となっています。

極度の貧困への対策や、貧困に対してコロナ大流行がどのような影響を与えているのかを知ることで、関連する英語ニュースへの理解が早まるのではないでしょうか。

ピックアップ　テーマ を深掘るキーワード

貧困の種類を表すキーワード	貧困を引き起こすもの
extreme poverty 極度の貧困	**recommended or required**
relative poverty 相対的貧困	**workplace closures** 職場における要
working poor 働く貧困層	請された、必要とされた閉鎖
貧困を定量するキーワード	**economic lockdown** 経済的ロックダウン
disposable income 可処分所得	貧困に関連する表現
Poverty Headcount Ratio 人口における貧困率	**inadequate** 不十分
	deficits 不足
living wage 生活賃金	**disparities** 不均衡
poverty line 貧困ライン	**disproportionally** 不均一に
median 中央値	**exacerbated** 悪化
threshold しきい値	**unemployment** 失業
貧困に悩まされる場所・集団	**underemployment** 不完全雇用
Southern Asia and sub-Saharan Africa 南アジアとサハラ以南アフリカ	**be exposed to poverty more systematically** より構造的に貧困にさらされている
vulnerable groups 脆弱な集団	
young workers 若年労働者	**educational attainment** 学歴

※4　極度の貧困とは、一日あたりの生活費が$1.9 未満しか稼げなことを指す。この$1.9という値は国際貧困ラインと呼ばれ、2015年の物価上昇を経た2011年には$1.25から$1.9へ上げられた。世界全体の数値の割合は2015年に8.2%と推計されていたが、コロナの影響により2020年には8.8%に悪化すると予測されている。

各目標についての解説文です。

解説している目標に属するターゲットです。外務省仮訳※3より一部変更して引用しています。

この目標について、さらに調べたい場合に活用して欲しいキーワードの一覧です。

※2　Transforming our world: the 2030 Agenda for Sustainable Development
　　https://www.un.org/ga/search/view_doc.asp?symbol=A/RES/70/1
※3　持続可能な開発のための2030アジェンダ仮訳 - 外務省 JAPAN SDGs Action Platform
　　https://www.mofa.go.jp/mofaj/gaiko/oda/sdgs/pdf/000101402.pdf

VOA ニュース

本書では各目標の解説後に、関係する VOA（Voice of America）のニュースを紹介しています。VOA はアメリカの国営放送で Web 上から誰でもアクセスできますが、本書では効率的な英語学習のために、語注及び記事本文の翻訳を作成・掲載しています。

VOA ニュースのこの記事が
配信された日付です。

掲載している VOA ニュースの
概要です。ニュースを聞き読み
する前に、内容をイメージする
のにご利用ください。

この記事の英語タイトルと
翻訳タイトルです。

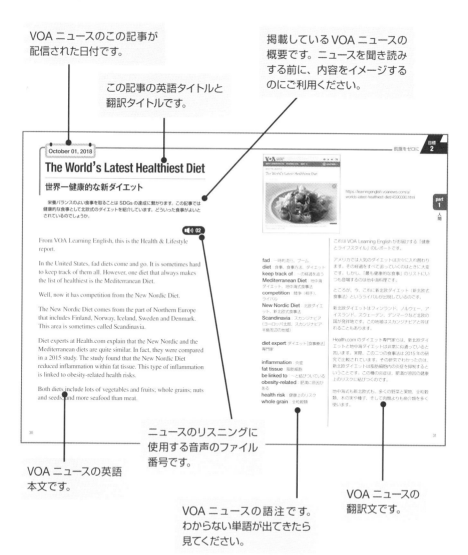

ニュースのリスニングに
使用する音声のファイル
番号です。

VOA ニュースの英語
本文です。

VOA ニュースの語注です。
わからない単語が出てきたら
見てください。

VOA ニュースの
翻訳文です。

🔊 ダウンロード音声ファイル一覧

音声を聞くには

[無料] 音声を聞く方法

音声をスマートフォンや PC で、簡単に
聞くことができます。

方法1 ストリーミング再生で聞く場合

面倒な手続きなしにストリーミング再生で聞くことができます。

※ストリーミング再生になりますので、通信制限などにご注意ください。
　また、インターネット環境がない状況でのオフライン再生はできません。

このサイトに
アクセスするだけ！ **http://bit.do/voa_sdgs**

1 上記サイトに**アクセス！**

2 アプリを使う場合は
SoundCloud に
アカウント登録 (無料)

方法2 パソコンで音声をダウンロードする場合

パソコンで mp3 音声をダウンロードして、スマホなどに取り込む
ことも可能です。
（スマホなどへの取り込み方法はデバイスによって異なります。）

1 下記のサイトにアクセス

https://www.cosmopier.com/
download/4864541663/

2 パスワードの【CP617OVA】を入力する

音声は PC の一括ダウンロード用圧縮ファイル (ZIP 形式) でのご提供です。
解凍してお使いください。

電子版を使うには

音声ダウンロード不要
ワンクリックで音声再生！

本書購読者は
無料でご使用いただけます！
英語の音声付きで
本書がそのままスマホでも
読めます。

電子版ダウンロードには
クーポンコードが必要です

詳しい手順は下記をご覧ください。
右下の QR コードからのアクセスも
可能です。

電子版：無料引き換えコード
ih4zw

ブラウザベース（HTML5 形式）でご利用
いただけます。

★クラウドサーカス社 ActiBook 電子書籍
　（音声付き）です。

●対応機種
・PC（Windows/Mac）　・iOS（iPhone/iPad）
・Android（タブレット、スマートフォン）

電子版ご利用の手順

❶コスモピア・オンラインショップにアクセス
　してください。（無料ですが、会員登録が必要です）
　https://www.cosmopier.net/

❷ログイン後、カテゴリ「電子版」のサブカテゴリ「書籍」をクリックして
　ください。

❸本書タイトルをクリックし、「カートに入れる」をクリックしてください。

❹「カートへ進む」→「レジに進む」と進み、「クーポンを変更する」をクリック。

❺「クーポン」欄に本ページにある無料引き換えコードを入力し、「確認する」
　をクリックしてください。

❻０円になったのを確認して、「注文する」をクリックしてください。

❼ご注文を完了すると、「マイページ」に電子書籍が登録されます。

SDGsについて

SDGsは、2015年9月の国連サミットで採択されたものです。正式には「Transforming Our World: The 2030 Agenda for Sustainable Development」（我々の世界を変革する：持続可能な開発のための2030アジェンダ）という文書として採択されており、その文書の中で一般にSDGsと呼ばれる17の目標が記されています。

MDGsの後継としてのSDGs

SDGsは、2015年に突然表れた目標ではありません。その前身としてMDGs（Millennium Development Goals、ミレニアム開発目標）が存在します。

MDGsは、2000年の国連総会で採択された宣言をもとにまとめられたものです。主に開発途上国の発展のために設けられ、2015年の達成期限までに極度の貧困や飢餓に苦しむ人口の半減など、多くの成果をあげています。

しかしその一方、国ごとで目標の達成度合いに大きな差が残ったままでした。また目標を達成した国でも国内地域によっては格差が残るなど、いわゆる「置き去りにされた人々」が残る状態での達成でした。

「誰一人取り残さない（leave no one behind）」ことを目指して

MDGsの反省を踏まえ、SDGsが記載されたアジェンダには「誰一人取り残さないことを誓う」といった文言が記載されています。また、SDGsはすべての国がその目標を達成するべきとして、開発途上国だけでなく先進国にも達成へのコミットを求めています。

達成すべき目標についても環境問題解決や平和に向けた目標などが追加されており、まさに全世界が達成を目指すべきものとなっています。

SDGs を理解するための「5 つの P」

　とはいえ、いきなり 17 個の目標すべてを理解しようというのは、数が多いこともあり難しい試みだと思います。そのため本書では、SDGs を「5 つの P」をもとにグループ分けした上でそれぞれ解説していきます。

　「5 つの P」とは、2030 アジェンダの序文に書かれた People（人間）、Prosperity（繁栄）、Planet（地球）、Peace（平和）、Partnership（パートナーシップ）を指しています。これらは SDGs の恩恵を受ける対象となり、また SDGs を達成するための手段ともなります。各目標をこの「5 つの P」でグループ分けして見ていくことで、より全体像が見えてくるのではないでしょうか。

SDGs は私たちの身近にも

　また SDGs ひとつひとつの目標は、飢餓や貧困・気候変動など多様で広い範囲のテーマを扱っていますが、それぞれの目標に連なる全 169 のターゲットを見ると、日本で生きる私たちの日常生活と密接に関わるターゲットも多く含まれています。

　本書ではなるべく、日本の現状や日常生活に結びついた形で各目標やターゲットを紹介していきます。目標やターゲットの紹介を読んだあとに VOA ニュースを用いた学習に入ることで、英文の理解や SDGs 全体像への理解がより深まっていくでしょう。

Part 1

人間
People

「5つのP」の最初は People（人間）です。SDGs では、人間が人間らしく生きられるための目標として、貧困や飢餓の撲滅、健康福祉・教育・衛生面の充実、そしてジェンダー平等の達成を謳っています。

日本に生きる私たちが最も意識するべきは目標5のジェンダー平等の達成でしょうが、それ以外の目標もポイントを絞って達成を意識すべきものがあります。たとえば、貧困の撲滅（目標1）については相対的貧困率の改善、飢餓の撲滅（目標2）では栄養バランスの改善といったものがあげられます。

ポイントを押さえることで、実生活に根ざした形で SDGs が何を目指しているのかがわかるようになるのではないでしょうか。

Photo: SolStock/iStockphoto

あらゆる場所のあらゆる形態の貧困を終わらせる[1]

End poverty in all its forms everywhere[2]

SDGs の最初に来るのは、貧困撲滅に向けた目標です。貧困撲滅は SDGs が記載された「我々の世界を変革する：持続可能な開発のための 2030 アジェンダ」の前文で真っ先に述べられるほど、重要視される目標です。とはいえ日本では、貧困と聞くだけだと「あまり自分たちには関係ない」と考える方も多いかもしれません。しかしここで想定されている貧困はいわゆる「絶対的貧困」だけでなく、「相対的貧困」といったものも含まれます。

相対的貧困（relative poverty）とは、国や地域単位で見たときに大多数よりも貧しい状態にあることを指します。統計的には、世帯の所得がその国の**等価可処分所得（equivalized disposable income）**の**中央値（median）**の半分以下と定義されます。日本では 7 人に 1 人が相対的貧困とされており、特に子どもの貧困が問題となっています[3]。子どもの貧困は社会生活上目に見えづらいですが、学費が払えないので大学への進学をあきらめる、仕事で忙しい親の代わりに家事をこなすため自宅で勉強する時間が取れないなど、学習機会の喪失といった形で子どもの人生に大きな影響を与えています。

この対策として、日本では「子供の貧困対策に関する大綱」に基づいて教育支援体制の整備や給付金の拡充、シングルマザー支援、また児童扶養手当の見直しなどといった取り組みが進められています。

1.2 2030 年までに、各国定義による**あらゆる次元の貧困状態（poverty in all its dimensions）**にある、すべての年齢の男性、女性、子どもの割合を半減させる。

1.3 各国において最低限の基準を含む適切な社会保護制度及び対策を実施し、2030 年までに**貧困層及び脆弱層（the poor and the vulnerable）**に対し**十分な保護（substantial coverage）**を達成する。

（外務省作成の仮訳より一部変更して引用）

※ 1　公益財団法人 地球環境戦略研究機関 (IGES) 作成の「SDG Compass：SDGs の企業行動指針」より引用 (以降同じ)
※ 2　国連公式文書「Transforming our world: the 2030 Agenda for Sustainable Development」より引用 (以降同じ)
※ 3　厚生労働省が作成・公開している国民生活基礎調査によれば、2018 年現在相対的貧困率は全世帯の 15%、子どもの貧困率は 14% となっている。またひとり親世帯の貧困率は 48% と、およそ半数が相対的貧困の状態にある。

貧困の撲滅は 2030 アジェンダで最も
重要とされています。
そして撲滅すべき対象は目に見える貧
困だけでなく、目に見えない貧困も含
まれています。

Photo: Ahmed Shah/iStockphaoto

　国連の SDGs レポートでは、**極度の貧困（extreme poverty）**[※4] が中心
的な指標として取り上げられています。2015 年の SDGs 宣言時からは徐々
に改善しているものの、2020 年からのコロナ大流行でその数字が悪化する
との予測が出ています。また、**働く貧困層（working poor）**中での世代間
格差拡大や、社会保障制度のカバー率格差の存在も問題となっています。

　極度の貧困への対策や、貧困に対してコロナ大流行がどのような影響を与
えているのかを知ることで、関連する英語ニュースへの理解が早まるのでは
ないでしょうか。

ピックアップ　テーマ 🔨 を深掘るキーワード

貧困の種類を表すキーワード

extreme poverty 極度の貧困
relative poverty 相対的貧困
working poor 働く貧困層

貧困を定義するキーワード

disposable income 可処分所得
Poverty Headcount Ratio 人口にお
　ける貧困率
living wage 生活賃金
poverty line 貧困ライン
median 中央値
threshold しきい値

貧困に悩まされる場所・集団

**Southern Asia and sub-Saharan
　Africa** 南アジアとサハラ以南アフリカ
vulnerable groups 脆弱な集団
young workers 若年労働者

貧困を引き起こすもの

**recommended or required
　workplace closures** 職場における要
　請された、必要とされた閉鎖
economic lockdown 経済的ロックダウン

貧困に関連する表現

inadequate 不十分
deficits 不足
disparities 不均衡
disproportionally 不均一に
exacerbated 悪化
unemployment 失業
underemployment 不完全雇用
**be exposed to poverty more
　systematically** より構造的に貧困に
　さらされている
educational attainment 学歴

※4　極度の貧困は、一日あたりの生活費が $1.9 未満しか使えない人を指す。このしきい値は国際貧困ラインと呼
　ばれ、世界の物価上昇を鑑みて 2015 年に $1.25 から引き上げられた。世界全体の極度の貧困率は 2019 年
　に 8.2% と推計されていたが、コロナの流行により 2020 年には 8.8% に悪化すると予測されている。

Coronavirus Crisis Shows Imbalance Between US, European Safety Nets

コロナ禍で明らかになったアメリカと欧州における社会保障制度の格差

新型コロナの流行により、アメリカとヨーロッパでも貧困が広がりつつあります。この記事ではそれぞれで整備されている社会保障の差異が報告されています。貧困層のセーフティネットである社会保障を、どのように表現しているのか押さえておきましょう。

 01

The spread of the new coronavirus has brought attention to the sharp differences in how wealthy countries — such as the United States and those in Europe — take care of their citizens in hard times.

In Europe, the collapse of the economy has activated wage support programs that are keeping millions paid, for now. In the United States, more than 38 million people have sought unemployment financial assistance.

U.S. lawmakers have passed $2 trillion in emergency support, increasing assistance for the jobless and providing up to $1,200 for most taxpayers. Such steps happened in earlier economic crises, as well, especially the worldwide financial crisis and the Great Recession.

While European nations depend on existing programs to provide support, the U.S. depends on Congress to take action and pass emergency financial programs.

https://learningenglish.voanews.com/
a/coronavirus-crisis-shows-imbalance-
between-us-european-safety-
nets/5416515.html

coronavirus crisis：コロナ禍
safety net：セーフティーネット
（病気・事故・失業などで困窮した
場合に「健康で文化的な最低限度の
生活を営む権利」を保障する制度）
the new coronavirus：新型
コロナウイルス
hard time：困難な時期
collapse of the economy：
経済の崩壊
wage support program：
所得支援プログラム
**unemployment financial
assistance**：失業者への経済的な
支援、失業保険
lawmaker：議員
taxpayer：納税者
step：対策、措置
economic crises：経済危機
Great Recession：大不況
（2007 年〜 2009 年の世界的金融不
況を指すことが多い）
Congress：米国会議
take action：行動を起こす、
措置を講じる
**emergency financial
program**：緊急経済対策法（案）

新型コロナウイルスの感染拡大によって、欧米諸国
など富裕国が困難な時期に国民をどう支援するかに
ついて、大きな違いがあることに注目が集まってき
ています。

ヨーロッパでは経済が停滞すると所得支援プログラ
ムが始動し、現在もまだ数百万人に賃金が支払われ
ています。アメリカでは 3,800 万人以上が失業手当
を申請しました。

アメリカ連邦議会は 2 兆ドルの緊急経済対策法案を
可決し、失業者を支援するための給付金を増額し、ほ
とんどの納税者に最高 1,200 ドルを支給しました。
このような対策がとられたことは以前の経済危機、特
に世界的な金融危機や大不況のときにもありました。

欧州諸国が（失業者を）支援するために既存のプログ
ラムに依存するのに対し、アメリカは連邦議会が行動
し、緊急経済対策法案を可決する必要があるのです。

"In the U.S. you need to keep pumping money into the economy so that people continue to be employed, because it is through being employed that they are protected," said Andre Sapir, an economist with the Bruegel research institute in Brussels, Belgium. "Which is the better system? I'm not going into that discussion because that is really a huge issue," he added.

The United States is usually below average on measures of social support among the 37 countries of the Organization for Economic Cooperation and Development. The group's members are mostly developed democracies.

The OECD reported last year that among its members the U.S. had the largest amount of people living in relative poverty, that means people living on half the average earnings. In the United States about 17.8 percent of people live in relative poverty. In countries like Iceland, Denmark, the Czech Republic and Finland, fewer than 6 percent of people live on such earnings.

Here is a look at how the social safety nets of the U.S. and Europe compare:

Americans on unemployment were collecting an average of about $372 weekly before the coronavirus appeared. The rescue plan gave jobless workers an additional $600 a week through July. It also extended support to those who lost work as a result of the coronavirus. Most states offer six months of unemployment, but the emergency legislation added 13 weeks.

Germany's jobless benefit pays 60 percent of a worker's past salary for one year. France provides up to 75 percent of the previous average daily wage for up to two years.

part 1 人間

pump into：送り込む

Bruegel research institute：ブリューゲル研究所
go into discussion：論及する

measures of social support：社会保障制度
Organization for Economic Cooperation and Development：経済協力開発機構（OECD）
democracy：民主主義国家

relative poverty：相対的貧困（ある国や社会、地域などの大多数よりも貧しい状態にあること。所得に関して言えば「国民の平均所得の半分未満」の状態）

social safety nets：社会保障制度

the rescue plan：p.21掲載のemergency financial program（緊急経済対策法）のこと

state：州

jobless benefit：失業手当
salary：手取賃金（salaryは給与と訳すのが一般的だが、ここでは実際の制度に合わせて手取賃金と訳した）

「アメリカでは国民が雇用され続けていくためには、経済活動に資金を投入し続ける必要があるのです。なぜかというと、国民が経済的に保護されるのは雇用を通じてだからです」。そう語るのはベルギーのブリュッセルにあるシンクタンク、ブリューゲル研究所の経済学者、アンドレ・サピア氏です。「どちらの制度のほうがよいのでしょう。それについて言及するつもりはありません。これは本当に大きな問題ですから」。

アメリカは経済協力開発機構（OECD）の加盟国37カ国中、社会保障制度に関しては平均以下です。OECDの加盟国はほとんどが先進国で民主主義国家です。

昨年のOECDの報告によれば、アメリカは加盟国中、相対的貧困な生活をしている人が最も多い国でした。相対的貧困とは、国民全体の平均所得の半分以下で生活することを意味します。アメリカでは国民の約17.8パーセントが相対的貧困の中で生活しているのです。アイスランド、デンマーク、チェコ共和国、フィンランドなどでは、そのレベルで生活している人は6パーセント未満です。

以下はアメリカと欧州諸国における社会保障制度の違いです。

アメリカの失業者たちは、新型コロナウイルスの感染拡大以前は平均して週約372ドルの収入を得ていました。緊急経済対策法によって失業した人たちに7月まで週600ドルが追加支給されました。また緊急経済対策法によって、コロナ禍の結果として失業した人たちへの支援も拡大しました。アメリカのほとんどの州で失業保険は6カ月間支給されますが、この対策法案によって支給期間が13週間延長されたのです。

ドイツの失業保険では、失業前の手取賃金の60パーセントが1年間支給されます。フランスでは失業前の平均日給の75パーセントまでが最長2年間支給されます。

23

Europe also has short-hours programs, which pay most of a worker's salary if companies put them on shorter hours. More than 10 million workers are being paid that way in Germany, and about 12 million in France.

Almost half of Americans receive health insurance through their employers. Another 34 percent get benefits through the government programs Medicare and Medicaid. Six percent are insured individually. Based on 2018 numbers, 9 percent had no insurance at all.

In Europe, nations mostly have universal health care. The systems are generally funded by taxes.

The United States is the only country in the OECD to not offer paid leave to new mothers.

Federal law does not require private employers to provide paid family leave. Among private companies, 16 percent of workers were offered paid family leave as of March 2018. Some states offer paid family leave insurance for four to 10 weeks.

In France, mothers are offered at least 16 weeks of leave for their first child and must take at least 8 weeks. Workers get daily maternity leave earnings of up to 89 euros, or a little under $100. Some professions permit more favorable contracts, up to the full payment of earnings.

And Denmark gives 52 weeks of parental leave after a birth or adoption, to be shared by the parents. How much they earn depends on individual workplace agreements.

An estimated 8.3 million Americans collect disability benefits earned through Social Security money. The payments average $15,100 a year — just above the poverty level. Requirements are hard to meet and most people seeking disability benefits are denied.

また、欧州諸国には短時間勤務制度があり、企業が短時間勤務として採用した場合、賃金はほぼ全額支払われます。ドイツでは 1,000 万人以上が、フランスでは約 1,200 万人がこの制度を利用して賃金の支払いを受けています。

benefits：（保険制度・福利厚生による）給付金、諸手当
Medicare：メディケア（高齢者及び障害者向け公的医療保険制度）
Medicaid：メディケイド（連邦政府と州政府が負担する低所得者向け医療扶助制度）
universal health care：国民皆保険制度（国民すべてが公的医療保険に加入する医療保険制度）

アメリカ人就業者のほぼ半数は雇用主を介して健康保険に加入しています。それ以外の 34 パーセントは政府が運営する医療保険メディケアとメディケイドを通じて給付を受けます。6 パーセントは個人的に保険をかけています。2018 年のデータに基づくと、9 パーセントはまったく保険に加入していません。

ヨーロッパではほとんどの国に国民皆保険制度があります。この制度はたいてい税金で賄われています。

アメリカは OECD 加盟国中、母親になった女性のための（国レベルの）有給休暇がない唯一の国です。

federal law：連邦法
private employers：民間企業の雇用主
paid family leave：有給育児休暇

連邦法では、民間企業の雇用主は有給の育児休暇を付与するよう義務づけられていません。民間企業では、2018 年 3 月の時点で有給の育児休暇を支給されている労働者は 16 パーセントでした。一部の州では有給の育児休暇保険を 4 〜 10 週間給付しています。

フランスでは女性は第一子のために少なくとも 16 週間の育児休暇が付与され、少なくとも 8 週間は休むことが義務付けられています。そして 1 日あたり最高 89 ユーロ（100 ドル弱）の産休手当が支給されます。職業によってはもっとよい条件の契約が可能で、給与の全額が支払われることもあります。

そしてデンマークでは、出産後、または養子をもらった後に 52 週間の育児休暇が付与され、それを母親と父親で分割します。その間の所得は各職場の雇用契約に基づきます。

disability benefits：障害給付金

アメリカでは約 830 万人が社会保障費から障害給付金を給付されています。給付額は平均して年間 1 万 5,100 ドルで、これは法定貧困レベルよりもわずかに多いです。受給のための条件を満たすのが難しく、ほとんどの人は障害者手当を申請しても却下されます。

In France, fully disabled people can receive public health insurance payments of at least 292 euros, or $311, a month. Those who are unable to work and also depend on help for daily tasks may receive monthly payments of $1,500 to $3000.

Europe's more expansive social safety nets come at a cost, largely paid through taxing workers and employers.

The total value of goods and services provided by a country is called its gross domestic product, or GDP. In the United States, 6 percent of the GDP in 2018 was social security payments, the OECD reports. In France, the amount was 16 percent. And, social security payments accounted for 14 percent of Germany's 2018 GDP.

I'm Ashley Thompson.

fully disabled people : まったく
仕事ができず生活費を稼げない障害者

フランスでは、まったく仕事ができず生活費を稼げ
ない障害者は公的健康保険から月に最低 292 ユー
ロ（311 ドル）が支給されます。また、仕事ができ
ず、日常生活のために介助が必要な人は月に 1,500
〜 3,000 ドルが支給されます。

expansive : 包括的な
come at a cost : 高くつく

ヨーロッパのより包括的な社会保障は高くつき、そ
のほとんどは雇用者と被雇用者に課税することによ
って支払われます。

total value of goods and
services : 物とサービスの総価値
Gross Domestic Product
(GDP) : 国内総生産（国内で 1 年
間に生産された物やサービスの価値
の総額。つまり国が儲けたお金）

国内で（1 年間に）生産される物やサービスの価値
の総額は国内総生産（GDP）と呼ばれます。OECD
の報告によると、アメリカでは 2018 年の GDP に
対する社会保障給付費の割合は 6 パーセントでし
た。フランスではその割合は 16 パーセントでし
た。そしてドイツでは社会保障給付費は 2018 年の
GDP の 14 パーセントでした。

アシュリー・トンプソンがお伝えしました。

飢餓を終わらせ、食料安全保障及び栄養改善を実現し、持続可能な農業を促進する

End hunger, achieve food security and improved nutrition and promote sustainable agriculture

SDGs の 2 番目に来るのは、飢餓撲滅や栄養状態改善に関する目標です。この二つについても、1 番目の貧困と同様日本に住む我々とは縁遠いように聞こえるかもしれません。しかし、ここで言う栄養状態改善は、「不足している栄養を補う」だけでなく「適切なバランスで栄養を摂取する」という改善も含まれます。必要かつ十分な栄養の摂取も、SDGs の中で対処すべきものとして捉えられているのです。

日本では目標 1 であげた相対的貧困層といった、経済的な理由で十分な食事を取れない世帯[※1]、特に子どもがいる世帯での食料困窮への対策が、「子どもの貧困対策に関する大綱」をもとに進められています。民間でも、無料、もしくは安価で食事を提供する子ども食堂が全国的な広がりを見せています[※2]。

また食料を供給するための農業の生産性向上・持続可能化も、この目標に含まれています。日本では「みどりの食料システム戦略」を 2021 年 5 月に策定し、農業人口の増加や農作業の効率化などに向けた取り組みを進めていく予定です。

2.1 2030 年までに、飢餓を撲滅し、すべての人々、特に貧困層及び幼児を含む脆弱な立場にある人々が一年中**安全かつ栄養があり、十分な食料（safe, nutritious and sufficient food）**を得られるようにする。

2.2 5 歳未満の子どもの発育阻害や消耗性疾患について国際的に合意されたターゲットを 2025 年までに達成するなど、2030 年までにあらゆる形態の栄養不良を解消し、若年女子、妊婦・授乳婦及び高齢者の**栄養ニーズへの対処を行う（address the nutritional needs）**。

（外務省作成の仮訳より一部変更して引用）

※1 厚生労働省の「生活と支え合いに関する調査」によると、2017 年には全世帯の内 13.6% が食料困窮を経験していた。
※2 NPO 法人むすびえの調査では、子ども食堂の数は 2016 年の 319 箇所から、2020 年には 4,960 箇所にまで増加した。なお子ども食堂は、貧困家庭の子どもに限らず、地域住民なら誰でも利用可能としているところが多い。

人間が生きるのに食事は不可欠です。そして健康に生きるためにはバランスの取れた食事が必要です。
食べるものに困っていなくても、適切な栄養が取れているか気を配ることも重要です。

Photo: wilpunt/iStockphaoto

　世界レベルで見たときも、十分な栄養を取れない子どもの成長※3 が問題となっています。子どもの**慢性的な栄養不足（chronic undernutrition）**は**消耗症（wasting）**や**成長阻害（stunting）**を引き起こし感染症による死亡リスクを高めるため、対処が必要とされています。

　こういった食料問題には経済面での解決だけでなく、農業生産力や食料を届ける仕組みの強化、食料市場の安定化などの対策も必要とされています。食料問題について知るだけでなく、食料が手に入るまでに何が起きているかも知ることで、食料問題の英語ニュースをより深く理解できるのではないでしょうか。

ピックアップ テーマ を深掘るキーワード

飢餓と栄養不良に関係する表現

hunger 飢餓

food insecurity 食料不安

nutrition 栄養

dietary energy requirements 必要摂取カロリー

malnutrition 栄養失調（栄養の不足と過剰摂取を合わせた栄養バランスの欠如）

undernourishment 栄養不足

栄養不良により引き起こされるもの

prevalence 有病率

stunting 発育阻害（栄養不足により身体や脳が年相応に発達しない状態を指す。学習能力や免疫システムの低下をもたらす）

wasting syndrome 消耗症（筋肉量や骨密度などが生活に支障をきたすほど極端に低下する症状）

obesity 肥満

食料供給に関係する表現

small-scale food producer 小規模食料生産者

sustainable agriculture 持続可能な農業

food systems 食料が供給されるまでの一連の流れ

food security 食料安全保障（すべての人が食料を合理的な価格で入手できる状態）

※3　国連食糧農業機関（FAO）が作成・公開している「世界の食料安全保障と栄養の現状 2020 年報告」によれば、2019 年現在、全世界で 21% の子どもが成長阻害に苦しんでいる。

October 01, 2018

The World's Latest Healthiest Diet

世界一健康的な新ダイエット

栄養バランスのよい食事を取ることは SDGs の達成につながります。この記事では健康的な食事として北欧式のダイエットを紹介しています。どういった食事がよいとされているのでしょうか。

 02

From VOA Learning English, this is the Health & Lifestyle report.

In the United States, fad diets come and go. It is sometimes hard to keep track of them all. However, one diet that always makes the list of healthiest is the Mediterranean Diet.

Well, now it has competition from the New Nordic Diet.

The New Nordic Diet comes from the part of Northern Europe that includes Finland, Norway, Iceland, Sweden and Denmark. This area is sometimes called Scandinavia.

Diet experts at Health.com explain that the New Nordic and the Mediterranean diets are quite similar. In fact, they were compared in a 2015 study. The study found that the New Nordic Diet reduced inflammation within fat tissue. This type of inflammation is linked to obesity-related health risks.

Both diets include lots of vegetables and fruits; whole grains; nuts and seeds; and more seafood than meat.

HEALTH & LIFESTYLE

The World's Latest Healthiest Diet

https://learningenglish.voanews.com/a/worlds-latest-healthiest-diet/4590300.html

Marrow with pickled vegetables, a New Nordic dish served at a restaurant in Denmark.
(WikiCommons/OskarBill)

---

fad：一時的流行、ブーム
diet：食事、食事方法、ダイエット
keep track of：〜の経過を追う
Mediterranean Diet：地中海ダイエット、地中海式食事法
competition：競争（相手）、ライバル
New Nordic Diet：北欧ダイエット、新北欧式食事法
Scandinavia：スカンジナビア（ヨーロッパ北部、スカンジナビア半島周辺の地域）

diet expert：ダイエット[食事療法]専門家

inflammation：炎症
fat tissue：脂肪細胞
be linked to：〜と結びついている
obesity-related：肥満に原因がある
health risk：健康上のリスク
whole grain：全粒穀類

これは VOA Learning English がお届けする「健康とライフスタイル」のレポートです。

アメリカでは人気のダイエットは次々に入れ替わります。その経過をすべて追っていくのはときに大変です。しかし、「最も健康的な食事」のリストにいつも登場するのは地中海料理です。

ところが今、これに新北欧ダイエット（新北欧式食事法）というライバルが出現しているのです。

新北欧ダイエットはフィンランド、ノルウェー、アイスランド、スウェーデン、デンマークなど北欧の国が発祥地です。この地域はスカンジナビアと呼ばれることもあります。

Health.com のダイエット専門家らは、新北欧ダイエットと地中海ダイエットは非常に似通っていると言います。実際、この二つの食事法は 2015 年の研究で比較されています。その研究でわかったのは、新北欧ダイエットは脂肪細胞内の炎症を抑制するということです。この種の炎症は、肥満が原因の健康上のリスクに結びつくのです。

地中海式も新北欧式も、多くの野菜と果物、全粒穀類、木の実や種子、そして肉類よりも魚介類を多く使います。

However, one big difference between the two is the choice of oil. The Mediterranean Diet uses olive oil. Olives are not grown in Scandinavia. So, canola, or rapeseed, oil is more common there.

And that leads us to the heart of the New Nordic Diet. It considers the environment and food preparation.

So, it is rich in food that is local and seasonal. As much as is possible, the New Nordic centers on fresh foods that are grown, raised or caught where you live. What you can find in the forests — wild mushrooms, berries and herbs — are all important to this diet. Also found in this diet are lots of root vegetables such as parsnips, carrots and beets.

The New Nordic Diet centers around home cooked meals. Restaurant meals can be higher in fat and calories.

Eating better quality food but less of it is also part of this diet. It avoids processed foods — generally mass-produced foods that come already cooked and packaged. It stresses eating organic foods whenever possible and creating less waste as we cook and eat.

canola oil：キャノーラ油
rapeseed oil：菜種油

consider：～を考慮する

local：地元の
seasonal：季節の

root vegetable：根菜
parsnip：パースニップ（ニンジンに似た根菜、別名シロニンジン、サトウニンジン）
beet：ビーツ（赤カブに似た野菜）
home cooked meal：家庭料理

processed foods：加工食品
mass-produced foods：大量生産型の食品
stress：強調する、重要視する

しかし、この二つの食事法の大きな違いの一つは、使われるオイルです。地中海ダイエットではオリーブオイルを用います。オリーブの木はスカンジナビアでは育たないので、ここ（北欧）ではキャノーラ油（菜種油の一種）のほうがよく使われます。

そして、それが私たちを新北欧ダイエットの真髄へと導いてくれるのです。この食事法は環境と調理方法に配慮がなされています。

つまり、地元でとれる季節の食材がふんだんに使われているのです。新北欧ダイエットでは、できるだけ人々が住んでいる土地で育ったり、栽培されたり、捕獲されたりする新鮮な食材を中心に使っています。森で見つかるもの――野生のキノコやイチゴやハーブ――はすべてこの料理の大事な素材です。さらにこの料理にはパースニップ、ニンジン、ビーツなどの根菜がたくさん使われています。

新北欧ダイエットは家庭料理が中心です。レストランの料理はそれに比べると脂肪とカロリーが高くなりがちです。

より良質の食べ物をより少なく食べることもこのダイエットの特徴の一つです。加工食品――たいてい大量生産され調理済みでパックに入っているもの――は使いません。また、できるだけオーガニックフード（有機食材）を食べて、調理と食事によるごみを減らすことを重視しています。

The New Nordic is also an eco-friendly diet. It is more of a lifestyle — a way of living and eating — rather than a list of foods you can or cannot eat. Because it centers around local foods, it should not be surprising that fish is a main part of the New Nordic Diet.

Health experts on the Berkeley Wellness website say that people who eat fish "tend to live longer and enjoy lower risks of cardiovascular disease." They add that eating fish may even boost a person's brain health. Fish, they say, "contains vitamins, minerals, and other fats that may work with the omega-3s to protect the heart and overall health."

But these experts also warn that it is important to eat the right kind of fish. Some are high in mercury. So, they advise eating smaller fish. They are "lower on the food chain." And if you catch the fish yourself, make sure and check with local experts to make sure the water quality is healthy.

The website suggests that anchovies, sardines, cod, shrimp and salmon are among the best choices. They say to avoid bigger fish such as shark and swordfish because they contain more mercury.

Also on the Berkeley Wellness website, diet experts make other suggestions about which fish to eat.

And that's the Health & Lifestyle report. I'm Anna Matteo.

eco-friendly：環境にやさしい

center around：〜を中心に展開
する

cardiovascular disease：
心血管疾患（心臓と血管の病気）
boost：強化［促進］する

mercury：水銀
food chain：食物連鎖

local expert：地元の専門家
water quality：水質

anchovy：アンチョビ、カタクチ
イワシ
sardine：イワシ
cod：タラ
shark：フカ
swordfish：メカジキ

新北欧ダイエットは環境にもやさしい食事法です。これは食べてよいものと食べないほうがよいものの一覧表というよりも、むしろ一つのライフスタイル（生活や食事の様式）なのです。地元でとれる食材が中心になっているので、魚が新北欧ダイエットの主役であっても驚くべきことではありません。

ウェブサイト「Berkeley Wellness」の健康問題の専門家らは、魚を食べる人は「長生きする傾向があり、心血管疾患にかかるリスクの低さを享受している」と述べています。さらには魚を食べると脳の健康が増進されるかもしれないとも言うのです。魚には「ビタミン類、ミネラル類、オメガ３脂肪酸といっしょに心臓や全体的な健康を守ってくれるその他の脂肪が含まれている」と彼らは述べています。

しかし同時に、この専門家たちは、正しい種類の魚を食べることが大事だと注意しています。ある種の魚は水銀を多く含んでいます。そのため、より小さい魚を食べるようにと彼らはアドバイスしています。小さい魚は「食物連鎖の下層」にあります。そして、もし自分で魚を釣ったり捕まえたりするなら、地元の専門家に確かめて、水質の安全性を確認してください。

このサイトでは、カタクチイワシ、イワシ、タラ、エビ、サケなどがいちばんお薦 37 めだとしています。これよりも大きい魚、フカやメカジキなどは水銀をより多く含んでいるので避けるようにと言っています。

Berkeley Wellness のウェブサイトではこれ以外にも、ダイエット専門家が、どういった魚を食べるべきかについていろいろと提案しています。

これで「健康とライフスタイル」レポートを終わります。アンナ・マテオがお届けしました。

One in Five Deaths Linked to Unhealthy Diet

5人に1人が不健康な食事が原因で死亡

　繰り返し述べる通り、栄養バランスの改善も SDGs の中に入ってきます。この記事ではどういった食事が健康を害するかを解説しています。健康に悪い食事を改善するにはどうしたらよいでしょうか。

 03

In 2017, eleven million deaths worldwide were linked to people eating diets high in sugar, salt and processed meat.

Those foods were partly to blame for heart disease, cancer and diabetes, a new study found.

The study is called the Global Burden of Disease. It followed eating trends in 195 countries from 1990 to 2017. The findings were reported in the publication *The Lancet*.

Researchers considered 15 dietary elements, such as diets low in fruits, vegetables, whole grains and milk. They also looked at diets high in red meat, processed meat, sugar-sweetened drinks and sodium.

The study found that Uzbekistan had the highest percentage of diet-related deaths.

Israel had the lowest proportion of diet-related deaths, while the United States rated 43rd in the study.

https://learningenglish.voanews.com/a/
one-in-five-deaths-linked-to-unhealthy-
diet/4863743.html

processed meat：加工肉

partly：部分的に、ある意味で
be to blame for：〜の責任がある、
〜の原因となる
diabetes：糖尿病
Global Burden of Disease：
「世界の疾病負担研究」
eating trends：食事の傾向
publication：刊行物
The Lancet：『ランセット』（世
界五大医学雑誌の一つ）
consider：熟慮する、検討する

sugar-sweetened drinks：
砂糖で甘みをつけた飲み物
sodium：ナトリウム（塩として多
量に存在する）
Uzbekistan：ウズベキスタン（旧
ソビエト連邦の共和国）
diet-related：食生活に関係のある

proportion：割合、比率
rate：評価［格付け］される

2017年に世界で死亡した 1,100 万人は、糖分や塩
分、加工肉の多い食事をしていた人たちであったこ
とがわかりました。

このような食べ物は、ある意味で心臓疾患やがん、糖
尿病の原因となることが最新の研究でわかっています。

この研究は「世界の疾病負担研究」と呼ばれていま
す。この研究では世界 195 カ国における 1990 年か
ら 2017 年までの食事の傾向を追跡調査しました。
その結果が医学誌『ランセット』に発表されたのです。

研究者らは 15 の食材、すなわち果物、野菜、全粒
穀物、牛乳の摂取量が少ない食事には特に注意を払
いました。また、赤身肉、加工肉、砂糖で甘みをつ
けた飲み物、塩分の多い食事にも注目しました。

この調査の結果、食生活と関わりのある死の割合が
最も高いのはウズベキスタンだとわかりました。

イスラエルは食生活に関連した死亡の割合が最も低
く、アメリカはこの調査では 43 番目でした。

Consumption of foods such as nuts and seeds, milk and whole grains was on average too low, the researchers found.

Chris Murray is director of the Institute for Health Metrics and Evaluation at the University of Washington, which led the work.

"Poor diet is responsible for more deaths than any other risk factor in the world," he said.

The study found people ate only 12 percent of the recommended amount of nuts and seeds — an average intake of 3 grams a day. For good health, experts say, you should eat 21 grams of nuts and seeds every day.

The study also found that people drank more than 10 times the recommended amount of sugary drinks.

Another study published in January suggested an "ideal diet" for the health of people and the planet would include a doubling of the consumption of nuts, fruits, vegetables and legumes. Such a diet would also include reducing by half the amount of meat and sugar consumed.

I'm John Russell.

consumption：消費、摂取（量）
on average：平均すると、一般に

Institute for Health Metrics and Evaluation：保険指標評価研究所
University of Washington：ワシントン大学
be responsible for：〜の原因となる
risk factor：危険因子

recommended amount：推薦されている量
intake：摂取（量）
nuts and seeds：種実類

sugary：砂糖が入った、甘い

include：〜を含む
doubling：2倍にすること
legumes：豆類
reduce by half：半分に減らす

ナッツ類や種子類、牛乳、全粒穀物などの摂取量は一般に少なすぎると研究者たちは気づきました。

クリス・マレー氏はこの研究を主導したワシントン大学保険指標評価研究所の所長です。

「不健康な食事は、世界のどのような危険因子よりも多くの死の原因となっている」と彼は述べています。

この研究では、人々はナッツ類や種子類は推薦摂取量の12パーセント、すなわち1日平均3グラムしか食べていないことがわかりました。健康のためには種実類を毎日21グラムは食べたほうがよいと専門家らは述べています。

また、同研究では、推薦摂取量の10倍以上の甘味飲料を人々が飲んでいることがわかっています。

今年1月に発表された別の研究では、私たちと地球の健康にとって「理想的な食事」をするためにはナッツ類、果物、野菜、豆類の摂取量を2倍にするよう勧めています。そのような食事は同時に、肉や砂糖の摂取量を半分に減らしてくれるでしょう。

ジョン・ラッセルがお伝えしました。

あらゆる年齢のすべての人々の健康的な生活を確保し、福祉を促進する

Ensure healthy lives and promote
well-being for all at all ages

　SDGsの3番目に来る健康に関する目標は、コロナの大流行を経験した我々にとってとても重要な目標だと感じるのではないでしょうか。健康に対する目標は2030年までの達成には間に合わないとされながらも順調な進歩を見せていました。しかしコロナの流行により、健康に対する目標のターゲットの多くが達成から遠ざかることになりました。

　日本でも**健康寿命（Health expectancy）**の伸長や**自殺率（suicide rate）**[1]の減少といった進歩が見られていました。日本は世界的に自殺率が高かったので自殺率低下のために「自殺総合対策大綱」が2017年に見直され、それに沿った対策が進められていました。しかしコロナの流行により社会的・経済的に孤立する人が増加し、その結果2020年には11年ぶりに自殺率が増加してしまいました。

3.4　2030年までに、非感染性疾患による若年死亡率を、予防や治療を通じて3分の1まで減少させ、**精神保健及び福祉を促進する（promote mental health and well-being）**。

3.7　2030年までに、家族計画、情報・教育及び性と生殖に関する健康の国家戦略・計画への組み入れを含む、**性と生殖に関する保健サービスをすべての人々が利用できるようにする（ensure universal access to sexual and reproductive health-care services）**。

3.8　すべての人々に対する財政リスクからの保護、質の高い**基礎的な保健サービス（quality essential health-care services）**へのアクセス及び**安全で効果的かつ質が高く安価な必須医薬品とワクチン（safe, effective, quality and affordable essential medicines and vaccines）**へのアクセスを含む、ユニバーサル・ヘルス・カバレッジ（Universal Health Coverage）を達成する。

（外務省作成の仮訳より一部変更して引用）

※1　警察庁の自殺者数統計によると、人口10万人あたりの自殺者率は2016年に17.3%、2019年に16.0%と推移していたが、2020年には16.7%と増加した。増加分の約4割が20代の自殺者増加によるもの。

世界中の医療現場がコロナ患者の
治療で混乱しています。体の健康
だけでなく心の健康も蝕むコロナ
の流行に、人類はいつ完全勝利す
ることができるでしょうか。

Photo: miodrag ignjatovic/
iStockphaoto

　世界的には、コロナでの医療混乱による**妊婦の死亡率（maternal mortality rate）**や**新生児の死亡率（neonatal mortality rate）**増加に加え、サプライチェーン混乱による避妊手段へのアクセス悪化やワクチン接種率減少も問題となっています。万人が医療サービスを受けられることを目指す**ユニバーサル・ヘルス・カバレッジ（Universal Health Coverage）**の進展も遅れている状態です。

　コロナの流行で、健康や福祉への取り組みの重要性を感じる機会が増えてきたのではないでしょうか。コロナ下の今こそ、世界的視野で健康に関するニュースを集めていってください。

ピックアップ　テーマ 🔧 を深掘るキーワード

健康に関する管理指標
mortality 死亡率
morbidity 病的状態、疾病率
ambient air pollution (AAP) 環境大気汚染
household air pollution 屋内空気汚染
　（薪や石炭などを使用した調理による空気汚染）
adolescent fertility rate 未成年妊娠率
体の健康をおびやかすもの
water-borne diseases 水由来の病気
communicable diseases 伝染病
non-communicable diseases 非感染性疾患
human papillomavirus (HPV)
　ヒトパピローマウイルス（性病の一種）
tuberculosis 結核

hepatitis 肝炎
pneumococci 肺炎球菌
chronic respiratory disease 慢性呼吸器疾患
cardiovascular disease 循環器疾患
cancer がん
diabetes 糖尿病
measles 麻疹（はしか）
typhoid 腸チフス
narcotic drug abuse 麻薬の乱用
体の健康を守るもの
immunization 免疫
vaccination ワクチン接種
contraceptive 避妊用の
preventable 予防できる

Do Video Games Improve Well-Being?

ビデオゲームは精神的健康に役立つか

コロナの流行でゲームをする時間が増えた、という方も多いのではないでしょうか。自殺率の高い日本では、精神的健康の改善も重要です。精神面の健康とゲームの関係について、この記事ではどのように語られているでしょうか。

🔊 04

Oxford University researchers say a new study marks a rare example of collaboration between academics and the video game industry.

Lack of information from game makers has long been an issue for scientists hoping to better understand player behaviors.

The new study, which looked at how video games affect mental health, is unusual because it used information provided by the video game makers themselves. It comes at a time when video game sales have increased. Many people are staying at home because of the coronavirus health crisis. And in many countries, public health officials have set limits on public life.

The paper, released by the Oxford Internet Institute, is based on questions presented to people who played two video games. Those games were *Plants vs Zombies: Battle for Neighborville* and *Animal Crossing: New Horizons*.

https://learningenglish.voanews.com/
a/do-video-games-improve-well-
being-/5666475.html

improve：改善する、（健康など）を増進させる

well-being：身体的・精神的・社会的に良好な状態。ここでは「精神的健康」とする。

mark：〜を示す

academics：研究者たち、学界

issue：問題

player behavior：プレーヤーの行為・行動

affect：影響を及ぼす

coronavirus health crisis：新型コロナウイルス感染拡大に伴う健康危機

public health officials：公衆衛生当局

set limits on：〜に制限を課す、規制する

paper：論文

Animal Crossing: New Horizons：『あつまれ どうぶつの森』

オックスフォード大学の研究チームは、今回の研究は学界とビデオゲーム業界が共同作業した珍しい例だと述べています。

これまでゲームメーカーから情報が得られなかったことは、ゲームプレイヤーの習性をより理解したいと考える科学者たちにとって一つの問題となっていました。

オックスフォード大学の最新の研究は、ビデオゲームが精神的健康にどのような影響を及ぼすかを調べるものであり、ビデオメーカーから自主的に提供された情報を使っている点において珍しいものです。そして研究結果が発表されたのは、折しもビデオゲームの売り上げが大幅に伸びてきているときです。多くの人が新型コロナウイルスによる健康危機を避けるために家から出ないようにしています。そして多くの国の公衆衛生当局が、公共の場での行動を規制しています。

同研究論文はオックスフォード大学のインターネット研究所が発表したもので、二つのビデオゲームをプレイした人たちへの質問に基づいています。二つのゲームとは『プラント vs. ゾンビ：ネイバービルの戦い』と『あつまれ どうぶつの森』です。

The study used data provided by the game makers Electronic Arts and Nintendo of America. It showed how much time the people in the study spent playing the games. Earlier research used estimates from the players themselves.

The researchers said they found the actual amount of time spent playing was a small but positive factor in people's well-being — the state of being happy, healthy, or successful.

The paper said the level of enjoyment that players get from a game could be more important for their mental health than playing time.

The paper has not yet been peer reviewed. Peer review is a process by which a study is examined by a group of experts in the same field.

The study results could raise questions about ideas that gaming causes aggression or addiction.

"Our findings show video games aren't necessarily bad for your health," said Andrew Przybylski, the institute's director of research. "In fact, play can be an activity that relates positively to people's mental health — and regulating video games could withhold those benefits from players."

Regulate means to make rules or laws that control people or things.

estimate：判断、意見

actual amount of time：実際に使った時間
positive factor：プラス要因
state：状態

part 1 人間

peer review：査読（研究論文などを出版する前に、その内容を同じ専門分野の権威者が評価・訂正すること）

raise questions：疑問を提起する
aggression：攻撃性、攻撃的行動［感情］
addiction：中毒、常用

regulate：規制する
withhold：差し控える、抑制する
benefit：利得、利点、恩恵

同研究には、ゲームメーカーのエレクトロニック・アーツとニンテンドー・オブ・アメリカが提供したデータを用いました。それにはこの研究に参加した人たちがゲームに費やした時間が示されています。以前の研究では、ゲームプレイヤー自身の判断に基づくデータが使われていました。

研究チームによれば、実際にプレイしている時間は短くても、プレイヤーたちの精神的健康におけるプラス要因——楽しく、健康的で、達成感を感じている状態が確認できたとのことです。

同研究論文では、精神的健康のためにはプレイする時間よりも、プレイヤーがビデオゲームそのものから得る楽しみの度合いのほうが重要だと述べられています。

同研究論文への査読はまだ行われていません。査読とは、同じ分野の専門家グループによって研究結果が分析されることです。

今回の研究結果は、ビデオゲームは攻撃性や常習性の原因になるという考えに疑問を提起するかもしれません。

「私たちの今回の研究結果は、ビデオゲームが必ずしも健康に悪いわけではないことを示しています」そう語るのは、オックスフォード大学インターネット研究所のアンドリュー・プシュビルスキー研究部長です。「実際、ビデオゲームをすることは、よい意味で精神的健康に結びつく活動だと言えるのです。ビデオゲームを規制すると、プレイヤーが好ましい影響を受けるのを抑止することになりかねません」

「規制する」とは、人や物を管理する規則や法律を設定することです。

Joseph Hilgard is an assistant professor of social psychology at Illinois State University. He noted some limitations in the study. He suggested that the data does not directly show that video games have an effect on well-being. Instead, Hilgard described the data as "correlational," which suggests that two or more things change or happen together.

Paul Croarkin of the Mayo Clinic in Minnesota said he had "lingering questions" about the study. Croarkin has studied video games and children. He said the self-reporting nature of the study was a weakness. But he added that the researchers presented their findings in a balanced way.

For the study, the researchers questioned 2,756 people who played the game *Animal Crossing: New Horizons*. They also questioned 518 players of *Plants vs Zombies: Battle for Neighborville*. All the players were asked to complete a questionnaire on their experiences. Their answers were matched up against playing time recorded by the video game companies.

Andrew Przybylski suggested that researchers need to work more with the video game industry "to study how games impact a wider, and more diverse, sample of players over time."

He added, "We'll need more and better data to get to the heart of the effects of games, for good or ill, on mental health."

I'm John Russell.

social psychology：社会心理学	ジョセフ・ヒルガード氏はイリノイ州立大学の社会心理学助教授です。ヒルガード氏はこの研究の限界をいくつか指摘しています。今回のデータはビデオゲームが直ちに精神的健康に影響を与えることを示すものではないというのです。そうではなく、今回のデータは「相関的」なものだと彼は述べています。相関的とは、二つ以上のことが関連して変化したり発生したりすることを意味します。
note：指摘する	
limitation：限界	
correlational：相関的な	

linger：居残っている、いつまでも消えないでいる
self-reporting：自己報告の
weakness：弱点

ミネソタ州のメイヨー・クリニックのポール・クローキン氏は、この研究について「いつまでも消えない疑問」が残ると言います。クローキン氏はビデオゲームと子どもについて研究しています。彼は、この研究が（参加者たちの）自己報告に基づいている部分が弱点だと指摘しています。しかし、研究結果はバランスよく示されているとも彼は語りました。

今回の研究のために研究チームは、『あつまれ どうぶつの森』をプレイした 2,756 人に質問しました。そして『プラント vs. ゾンビ：ネイバービルの戦い』をプレイした 518 人にも質問をしました。そして、プレイヤー全員が自分が経験したことに基づいてアンケート用紙に記入するよう求められました。その回答がビデオゲームメーカーによって記録された各人のプレイ時間とセットにして比較されたのです。

match up：組み合わせる、比較する

impact：影響を与える
sample：サンプル（調査対象となる母集団の一部）
over time：時間をかけて
heart：最重要点、核心

アンドリュー・プシュビルスキー研究部長は、彼の研究チームはビデオゲーム業界とさらに協力して「より広く、より多様なプレイヤーにゲームがどのような影響を与えるかを時間をかけて調べる」ことが必要だと述べています。

彼はさらに「それがよいものであっても悪いものであっても、ゲームが精神的健康に与える影響の核心に迫るには、より多くの、もっとよいデータが必要」であると述べました。

ジョン・ラッセルがお伝えしました。

Cancer Is the Leading Cause of Death in Wealthy Countries

がんは高所得国の死因の第 1 位

健康問題でいちばん気になるのはがんでないでしょうか。この記事ではがんや心疾患について述べられています。がんと心疾患の死亡率は、先進国ではどのように変化しているのでしょうか。

 05

From VOA Learning English, this is the Health & Lifestyle report.

Cancer is now the leading cause of death in wealthy countries. Researchers say cancer has replaced heart disease as the top killer in the industrial world.

If the trend continues, they predict cancer could become the leading cause of death worldwide later in this century.

However, the news is not that cancer deaths are increasing but that deaths from cardiovascular disease (CVD) are decreasing.

Cardiovascular disease, or CVD, is a group of medical conditions that include heart failure, heart attack and stroke. It remains the leading cause of death among middle-aged adults worldwide.

But when you only look at deaths in industrial economies — that is not the case. In those countries, the new report shows that cancer now kills two times as many people as cardiovascular disease.

https://learningenglish.voanews.com/a/
cancer-is-the-leading-cause-of-death-
in-wealthy-countries/5073346.html

leading cause of death :
死亡原因の第 1 位
wealthy country : 高所得国
replaced : 置き換わる
heart disease : 心臓病
top killer : 死因のトップ
industrial world : 工業界
predict : 予測する

**cardiovascular disease
(CVD)** : 心臓と血管の病気、心疾患
a group of : 一群の
medical condition : 病状
heart failure : 心臓麻痺
heart attack : 心筋梗塞
stroke : 脳卒中
middle-aged adult : 中年層
industrial economies : 工業
経済国
that is not the case : そうでは
ない、それは該当しない

これは VOA Learning English がお届けする「健康とライフスタイル」レポートです。

がんは現在、高所得国における死因のトップです。工業国ではがんが心疾患を抜いて死亡原因の第 1 位になったと研究者たちは述べています。

この傾向が続けば、今世紀後半には、がんは世界の死亡原因の第 1 位になるだろうと研究者たちは予測しています。

しかしこのニュースは、がん死亡が増えているということではなく、心疾患による死亡が減少しているということなのです。

心疾患とは心臓麻痺、心筋梗塞、脳卒中などを含む一群の病状です。これは、世界的に見れば依然として中年層の死亡原因のトップです。

しかし、工業経済地域における死亡を見ると、そうではありません。最新の報告によるとこうした国では現在、がんで死亡する人は心疾患で死亡する人の 2 倍になっています。

The findings were published in *The Lancet* and presented at the recent European Society of Cardiology Congress in Paris.

The research comes from a large, ongoing study called the Prospective Urban Rural Epidemiology, or PURE. It is a project of the Population Health Research Institute of McMaster University and Hamilton Health Sciences in Canada.

The PURE researchers have been collecting information about people from over 20 high-, middle- and low-income countries. The data includes a person's medical history and individual behavior, such as physical activity and diet.

Salim Yusuf is a researcher on the PURE study and a professor of Medicine at McMaster University. He also serves as head of the Population Health Research Institute.

Yusuf explained the study's findings in a statement to the press.

"The fact that cancer deaths are now twice as frequent as CVD deaths in high-income countries," Yusuf said, "shows a change in the main cause of death in middle-aged people." He added that "as CVD declines in many countries because of prevention and treatment, cancer mortality will likely become the leading cause of death globally in the future."

Data from the PURE study has been used in several reports over the years. For this most recent report, the researchers followed more than 162,500 adults for 9 ½ years. All of these men and women were between 35 and 70 years old. The subjects came from 21 countries.

The Lancet：『ランセット』
（イギリスの医学誌）
present：発表する
European Society of
Cardiology Congress：欧州
心臓病学会
ongoing：継続的な
McMaster University：マクマ
スター大学

medical history：病歴
individual behavior：個人的行動。
ここでは「行動における個人的な習性」
の意
physical activity and diet：
身体的活動や食事
professor of Medicine：医学
部教授

prevention and treatment：
予防と治療
mortality：死亡数、死亡率

subject：被験者、調査の対象と
なった人

この研究結果は『ランセット』誌に掲載され、最近、
パリで開催された欧州心臓病学会議で発表されました。

この研究は Prospective Urban Rural Epidemiology
（PURE）と呼ばれる長年にわたる大規模な調査に基
づいています。PURE はカナダのマクマスター大学
の人口健康研究所とハミルトン健康科学部によるプ
ロジェクトです。

PURE の研究者たちは、20 カ国以上の高・中・低
所得国の人たちについて情報収集を行ってきまし
た。そのデータには各人の病歴や、身体活動・食事
など個人的な習性が含まれています。

サリム・ユスフ氏は PURE 調査に関わっている研
究者の一人で、マクマスター大学医学部の教授です。
彼は人口健康研究所の所長も務めています。

ユスフ氏はメディアへの声明の中で、今回の調査結
果を次のように説明しています。

「現在、がん死亡が高所得国で心疾患による死の 2
倍の頻度で発生しているという事実は、中年層の主
要死因における一つの変化を表しています」とユス
フ氏は言います。「心疾患は多くの国で予防や治療
により減少しているので、がんによる死亡は今後、
世界的な死因の第 1 位となっていくと思われます」
と彼は付け加えています。

PURE 調査で得られたデータはここ何年か複数の報
告書の中で使われてきました。今回の最新報告書の
ために、研究者たちは 16 万 2,500 人以上の人たち
を 9 年半かけて追跡調査しました。調査対象になっ
たのは 21 カ国、35 歳から 70 歳までの男女でした。

Gilles Dagenais helped to prepare the report. He is a professor at Laval University in Quebec, Canada.

Speaking on a Canadian radio show, Dagenais explained that the world is experiencing a "transition" in disease trends. The main reason, he added, is the fact that cardiovascular disease rates have gone down in high-income countries.

Dagenais noted that there is no increase in cancer rates. If anything, he said, there is a decrease. However, over the past 20 years, there has been a sharp decrease in cardiovascular disease. He said the two main reasons are developments in medicine and technology, and changes in personal behavior.

One lifestyle change, he said, is that fewer people in high-income countries are smoking cigarettes. But he warned that more people in these areas are becoming overweight. He says researchers do not know how rising obesity rates will affect deaths from cardiovascular disease in the future.

Both Dagenais and Yusuf add that higher heart-disease death rates in low-income countries could be mainly the result of lower quality healthcare.

In recent years, several factors have greatly lowered the rate of heart disease in high-income countries. They include better treatment for heart disease and better medicines for blood pressure.

And that's the Health & Lifestyle report, I'm Anna Matteo.

Laval University：ラバル大学

transition：転換、過渡期
disease trend：病気の発生傾向

overweight：肥満の
obesity rate：肥満症になる率

lower quality healthcare：
質の低い医療

ジル・ダジュネ氏はこの報告書の作成に協力しました。彼はカナダのケベック州にあるラバル大学の教授です。

ダジュネ氏はカナダのラジオ番組に出演して、世界は疾患傾向における一つの「転換期」を迎えていると語りました。その主な理由は、心疾患の発生率が高所得国で低下してきたことだと言います。

ダジュネ氏は、がんの発生率は上がっていない、どちらかと言えば減少傾向にあると述べています。しかし、心疾患はこの20年間に急速に減少してきています。その主な理由の二つは、医学と科学技術の進歩、そして個人の習性における変化だと言います。

生活習慣における変化の一つは、高所得国ではたばこを吸う人が少なくなったことだとダジュネ氏は言います。しかし、そのような国では肥満体の人が増えていると彼は警告しています。肥満症の発生率の上昇が今後、心疾患による死にどう影響するかは研究者たちにはわからないとのことです。

ダジュネ氏もユスフ氏も、低所得国で心疾患による死亡率が高いのは主に医療の質が低いせいだろうと述べています。

近年、高所得国における心疾患の発生率が非常に低くなったことには、いくつかの要因が考えられます。それには心疾患の治療が改善されたことと、効果のある降圧剤が開発されたことなどが考えられます。

これで「健康とライフスタイル」レポートを終わります。アンナ・マテオがお届けしました。

すべての人々への包摂的かつ公正な質の高い教育を提供し、生涯学習の機会を促進する

Ensure inclusive and equitable quality education and promote lifelong learning opportunities for all

　SDGs の 4 番目は教育に関する目標です。日本では、幼児教育の無償化や大学の授業料等減免制度の創設など、教育にかかる経済的負担の軽減が子どもの貧困対策と関連して実施されています。また持続可能な社会の担い手を育成するため、**持続可能な開発のための教育（Education for Sustainable Development: ESD）**※1 実施に向けた取り組みが行われています。2017 年に公示された学習指導要領には ESD についての項目が本格的に盛り込まれており、すでに小中学校で実施されています。2022 年には高校でも始まる予定です。授業で SDGs についてより深く学び、持続可能な社会を構築する意欲を持った子どもたちが、これから続々と社会に出てくることが期待されます。

4.1 2030 年までに、すべての女児及び男児が、適切かつ効果的な学習成果をもたらす、**無償かつ公正で質の高い初等教育及び中等教育（free, equitable and quality primary and secondary education）**を修了できるようにする。

4.5 2030 年までに、教育におけるジェンダー格差を無くし、障害者、先住民及び脆弱な立場にある子どもなど、**脆弱層（the vulnerable）**があらゆるレベルの教育や職業訓練に平等にアクセスできるようにする。

4.7 2030 年までに、持続可能な開発のための教育及び持続可能なライフスタイル、人権、男女の平等、平和及び非暴力的文化の推進、グローバル・シチズンシップ、文化多様性と文化の持続可能な開発への貢献を理解する教育を通して、すべての学習者が、**持続可能な開発を促進するために必要な知識及び技能（the knowledge and skills needed to promote sustainable development）**を習得できるようにする。

（外務省作成の仮訳より一部変更して引用）

※1 ESD は 2002 年に日本が持続可能な開発に関する世界首脳会議で提唱し、その年の第 57 回国連総会で採択された。ESD が学習指導要領に盛り込まれたのは 2008 年からだが、2017 年の改訂版では前文に「持続可能な社会の創り手となることができるようにする」と書かれるなど、教育現場での実施がより強く求められている。

コロナの流行により、世界各地でオンラインでの学校教育が広がりました。オンライン学習ではデジタル・ディバイドの克服が重要となり、各現場でその克服のための試行錯誤がなされています。

Photo: skynesher/iStockphaoto

　一方世界的に見ると、コロナ大流行による教育へのアクセス遮断が問題となっています。**学校の閉鎖（school closures）**で従来の手法による教育ができなくなり、オンラインでの**遠隔教育（distance learning）**が始まってもインターネットにアクセスできない、そもそもアクセスするための機器を持っていないという人たちが置き去りにされる**デジタル・ディバイド（digital devide、情報格差）**が生じています。また学校の閉鎖は、暴力からの隔離場所や**手洗い設備（handwashing facilities）**や**給食（school meals）**などの衛生・栄養サービスへのアクセス機会の喪失をもたらしています。

　学校閉鎖に伴う教育の IT 化について日本でも同様のトラブルが起きていることを考えると、教育に関する英語ニュースはかなり理解しやすいのではないでしょうか。

ピックアップ　テーマ🔨を深掘るキーワード

教育に関する管理指標
enrollment rate 就学率
completion rate 修了率
literacy rate 識字率

教育ステージに関する表現
compulsory education 義務教育
tertiary education 第3期教育、高等教育
distance learning 遠隔教育（インターネット以外の手段を含め、遠隔での実施を想定して設計された教育）
remote learning リモート教育（対面から遠隔での実施に切り替わった教育）
online learning オンライン教育（完全にインターネットを経由して提供される教育）
lifelong learning 生涯学習

教育により得られるもの
entrepreneurship 起業家精神
literacy 読み書き能力
numeracy 計算能力
appreciation of cultural diversity 文化的多様性の理解
behavioural development 行動的な発達

教育へのアクセスに関する用語
equal access 平等なアクセス
socio-economic status 社会経済的地位
exclusion in education system 教育システムからの除外
marginalized students 学校教育から疎外された学生
underachievers 学業成績の悪い生徒

55

Difficulties, Opportunities Moving Classes Online

授業をオンラインに移行：難題もあるが、試してみるよい機会

コロナの流行で日本でも一気に広まったオンラインでの授業ですが、その導入時にはさまざまな難題がありました。この記事ではその難題と、それをどう乗り越えたらよいかのアイデアが述べられています。

🔊)) 06

As schools close because of the coronavirus outbreak, educators in specialized subjects are dealing with the difficulty of moving their classes online.

College classes in the sciences and arts often use laboratory work, performances or even travel to teach students important lessons.

Some of these classes require special equipment or the ability to gather in a group. For example, what does an engineering lab course look like online? How does a musical group practice?

VOA Learning English spoke to educators across the United States recently. Some described the difficulty of moving classes online in economic or technical terms.

Tom Luer is a music professor at California State Polytechnic University, Pomona. He noted that his school has many students who do not have some kinds of technology or special equipment at their homes.

EDUCATION

Difficulties, Opportunities Moving Classes Online

https://learningenglish.voanews.com/a/difficulties-opportunities-moving-classes-online/5343679.html

part
1

人
間

---

coronavirus outbreak：新型コロナウイルスの感染拡大
specialized subject：専門科目
class：授業

コロナウイルス感染拡大のために休校となり、専門科目を教える教師たちは授業をオンラインに移行するという難題に取り組んでいます。

大学の科学や芸術の授業では、しばしば実験や実技、旅行さえ取り入れて学生に大事な教育を行っています。

そのような授業の中には専用の器具やグループ活動が必要なものがあります。たとえば、工学の実験の授業はオンラインではどのようなものになるのでしょう。そして音楽のグループ練習は？

VOA Learning English では、このほどアメリカ各地の教育者にインタビューしました。その中の何人かは、授業をオンラインに移行することの経済的あるいは技術的な観点での難しさを語りました。

term：～の面、条件

California State Polytechnic University, Pomona：カリフォルニア州立工科大学ポモナ校
technology：科学技術

トム・ルアー氏はカリフォルニア州立工科大学ポモナ校の音楽教授です。彼は、同大学では、ある種のテクノロジー機器や専用の装置を自宅に備えていない学生が多いと指摘します。

57

Lectures, reading assignments and class discussions are not too difficult to deal with, Luer explained. But, some kinds of lessons and performances are more difficult to do.

Other educators were less concerned about technical problems and were more concerned about the overall goals for their classes.

Aaron Sakulich is an engineering professor at Worcester Polytechnic Institute, in Massachusetts. He was going to lead a group of students on a project-based class in Armenia.

The students, each working with local non-profit organizations, were going to help develop solutions to problems facing their partners in Armenia. The students had spent months preparing for the project.

The trip was canceled. But the project-based class is continuing online.

For now, Sakulich has worked hard to find possible US-based partners to work with. He hopes students can still do interviews and research using apps such as Zoom.

"My primary concern has been how to keep the students motivated," Sakulich said.

Barbara Oakley is a professor of engineering at Oakland University and Coursera's Inaugural Innovation Instructor.

Oakley believes that the main goal for teachers is to transfer their skills. In other words, teachers used to working in a class will have to test their teaching skills in a new way.

reading assignment：読書課題

be less concerned about：
〜のことはあまり心配していない
overall goal：全体的な目標

Worcester Polytechnic
Institute：ウースター工科大学
lead：案内する、連れていく

non-profit organization：非
営利団体［組織］
partner：提携相手、共同で何かを
する人や組織

Zoom：パソコンやスマートフォン
を使ってオンラインでセミナーやミ
ーティングをするためのアプリ
primary concern：いちばんの
関心事［心配、懸念］
motivated：動機付けられた、
やる気のある
Oakland University：オークラ
ンド大学
Coursera：コーセラ（スタンフォ
ード大学で創立された教育技術の営
利団体。世界中の大学と協力して、
講義のいくつかを無償でオンライン
上に提供している）
transfer：移行する
in other words：言い換えると、
つまり

講義や読書課題やクラス討議は（オンライン授業で）対処するのはそれほど難しくないとルアー教授は説明します。しかし、ある種のレッスンや実技の中にはそうするのが難しいものがあります。

一方、技術的な問題についてはそれほど心配していない教師たちもいましたが、彼らはそれよりも、教える授業の全体的な目標について懸念を示していました。

アーロン・サクリチ氏はマサチューセッツ州のウースター工科大学の工学教授です。彼はプロジェクト学習を受講している学生グループをアルメニアに連れていくことになっていました。

学生たちはそれぞれアルメニアの非営利団体といっしょに作業して、そのアルメニアの研究パートナーが直面している問題の解決方法を開発するのを手伝うつもりでした。学生たちはこのプロジェクトのために数カ月かけて準備していたのです。

その旅行は（コロナウイルス感染拡大の影響で）中止となりました。しかし、プロジェクト学習の授業はオンラインで続けられています。

現在、サクリチ教授は、アメリカに拠点を置く研究パートナー候補を探すのに懸命です。彼は、学生たちがZoomなどのアプリを使って今後も取材や調査が続けられるように願っています。

「私がいちばん気をつかったのは、どうやって学生たちにやる気を失わせないかでした」とサクリチ教授は語りました。

バーバラ・オークリー氏はオークランド大学の工学教授で、コーセラの新任のイノベーション講師です。

オークリー教授は、教師にとっていちばんの目標は自分の指導方法を移行することだと考えています。つまり、教室で教えるのに慣れている教師たちは自分の指導方法を新しい形で試す必要があるのです。

Oakley strongly supports online education. But, she said that high-level, specialized kinds of study, such as lab work in engineering, is not easy to move online. She was quick to add that there is no simple answer for how to teach specialized subjects.

Although there are many problems, educators also see opportunities or bright spots in the sudden move to online education.

Luer, at Cal Poly Pomona, looks forward to trying new teaching methods.

He wants to use different computer applications to work with his music students. For example, one app, Acapella, lets musicians in different places record different parts of a piece of music. Then, the app helps students put the different parts together, to create a single music track.

Even if students do not have computers or special recording equipment, they can still record simple sound files on their phones.

Oakley noted the importance of creativity in the move to online education.

In the field of engineering, she said, some of the best lab-based courses that she has seen teach important scientific ideas rather than specific lab work.

"Instead of perhaps going into some of the nuances of that particular lab, they will go into the nuances of what good science actually involves. And if you are doing good research, what does that involve? How can good research become bad research? And how can you avoid that? These are very important topics, but they are often not covered in lab courses."

high-level, specialized kinds of study：高度で専門的な研究	オークリー教授はオンライン教育を強く支持していますが、工学実験のように高度で専門的な研究をオンラインに移行するのは簡単でないと言います。彼女は専門科目をどのように（オンラインで）教えるかに簡単な答えはないと急いで付け加えました。
	いろいろと問題はありますが、突然のオンライン教育への移行にはチャンスや明るい面もあると教育者たちは見ています。
Cal Poly Pomona = California State Polytechnic University, Pomona：カリフォルニア州立工科大ポモナ校	前述のカリフォルニア州立工科大ポモナ校のルアー教授は、この新しい指導方法を試すのを楽しみにしています。
look forward to：〜を楽しみにして待つ **Acapella**：アカペラ（多重録音アプリ）	彼は音楽専攻の学生たちと学習を進めていくために、さまざまなコンピューターアプリを使いたいと考えています。たとえば Acapella というアプリを使えば、ある曲の異なる部分をさまざまな場所で録音できます。その後にこのアプリを使い、学生たちは異なる部分を一つにまとめ、一つの曲を作るのです。
track：（CD などに）録音された曲	たとえパソコンや専用の録音装置がなくても、学生たちは携帯電話の簡単なサウンドファイルに録音することができます。
creativity：創造性、独創性	オークリー教授は、オンライン教育に移行する際にも独創性が大事だと言います。
	工学の分野で彼女がこれまで見た優れた実験コースでは、具体的な実験の仕方よりも、科学的に重要な考え方を教えているとオークリー教授は語っています。
nuance：微妙な違い	「おそらく特定の実験の細かい差異をどうこうするのではなく、よい科学に本当に必要な微妙な違いを教えているのです。そして学生たちがよい研究をしているのであれば、それには何が必要なのか？　どうしてよい研究が悪い研究になってしまうのか？　どうすれば悪くならずにすむのか？　こういったことは非常に重要なテーマですが、実験コースでは扱われないことが多いのです」

part
1

人間

Matt Otto has been involved in online education for more than 10 years.

Otto is a music professor at the University of Kansas. He believes that schools and educators will be able to find a way forward within a month or so. "Most teachers are problem solvers — that's what teaching is," he said.

Otto said that online education cannot always recreate the exact social environment of a college campus. He noted, however, that he has seen many online students have great success.

"People who think it's not a good method of teaching," he said, "maybe haven't done it. Because I've seen the outcomes."

One student, Xose Miguelez, studied online with Otto over a period of six years.

"One of my other students [Miguelez] from Spain went from being a hobbyist to being not only a professional, but he's got a position in a university and got the jazz album of the year in Spain this last year, in 2019."

Otto said that he has seen many other students succeed while studying online. "I think that is a testament to how effective online teaching is," he said.

I'm John Russell.

マット・オット氏は 10 年以上、オンライン教育に携わってきました。

University of Kansas：カンザス大学

オット氏はカンザス大学の音楽教授です。彼は、学校も教師も一カ月ほどすると前向きに対処する方法を見つけられるはずだと言います。「教師というのはたいていが問題解決者なのです。それが教育するということなのです」と彼は話しました。

recreate：作り直す、再現する

オット教授は、オンライン教育は必ずしも大学キャンパス内の社会環境をそっくりそのまま再現することはできないと言います。しかし、オンラインで教育を受けた学生の多くが成功しているのを彼は見てきたと語ります。

outcome：結果、成果

「オンライン教育がよい指導方法ではないと思う人たちは、たぶんまだオンラインで教えたことがないのでしょう。私はその成果を見てきているのですから」と彼は言います。

学生の一人、ショセ・ミゲルさんはオンラインで 6 年間オット教授の教えを受けました。

hobbyist：趣味に熱中する人

「私が教えたスペイン出身の学生（ミゲルさん）は趣味で始めて、プロになっただけでなく、大学で教職につき、昨年 2019 年にはスペインで『今年のジャズアルバム賞』をもらっています」

オット教授は、オンライン教育を受けている間に成功する学生はほかにもたくさん見てきたと言います。「それはオンライン教育がどんなに効果があるかの証拠になると思います」。

以上、ジョン・ラッセルがお伝えしました。

UNESCO: 290 Million Students Stay Home due to Coronavirus

ユネスコが発表：新型コロナウイルスの影響で児童生徒 2 億 9,000 万人が登校できず

コロナの流行による学校閉鎖で遠隔授業への転換が進みましたが、これは教える側の先生に、授業のあり方をどうするべきかという悩みをもたらしました。この記事では、オンラインで授業を継続するための取り組みが述べられています。

🔊 07

The United Nations Educational, Scientific and Cultural Organization, or UNESCO, said school closings to stop the spread of the new coronavirus affected more than 290 million students around the world.

Audrey Azoulay is UNESCO's Director-General. She warned that "the global scale and speed of the current educational disruption is unparalleled and, if prolonged, could threaten the right to education.

Just weeks earlier, China was the only country requiring schools to close. Now, students are out of school in Japan, Iran, North Korea, Italy, Lebanon and Mongolia. Schools in parts of Vietnam, Thailand, France, Germany, South Korea and the United States have also been closed.

As of March 4, the organization said 22 countries have announced or started school closings to prevent the spread of the new coronavirus.

UNESCO: 290 Million Students Stay Home due to Coronavirus

https://learningenglish.voanews.com/
a/unesco-290-million-students-stay-
home-due-to-coronavirus/5317148.html

A teacher gives an-line lessons via webcam at the Politecnico University in Milan, Italy, Thursday, March 5, 2020. (Claudio Furlan/LaPresse via AP)

due to：〜が原因で、〜のせいで
coronavirus：（新型）コロナウイルス
school closing：学校閉鎖、（臨時）休校
spread of the new coronavirus：新型コロナウイルスの感染拡大
Audrey Azoulay：オードレ・アズレ
Director-General：（国連）事務局長
educational disruption：教育（界）における混乱
unparalleled：前例がない、前代未聞の
prolonged：長引く、長期にわたる
threaten：おびやかす
right to education：教育を受ける権利
require：必要とする
the organization：ここでは「ユネスコ」の意
prevent：防ぐ

国連教育科学文化機関（ユネスコ）の発表によれば、新型コロナウイルスの感染拡大を防止するための休校措置の影響を、世界の児童生徒2億9,000万人以上が受けています。

オードレ・アズレ氏はユネスコの事務局長です。彼女は「現在教育界における混乱が世界的規模で起きていることとその速度は前例がなく、長引けば教育を受ける権利を脅かしかねない」と指摘しています。

わずか数週間前には、休校措置を取る必要があったのは中国だけでした。現在、児童生徒が登校しないのは日本、イラン、北朝鮮、イタリア、レバノン、モンゴルです。ベトナム、タイ、フランス、ドイツ、韓国、アメリカでも、一部の学校では休校措置が取られています。

ユネスコの発表によれば3月4日現在、世界22カ国が新型コロナウイルスの感染拡大防止のために休校すると発表するか、すでに休校措置を取っています。

UNESCO, Azoulay said, is "working with countries to assure the continuity of learning for all." And the organization will call an emergency meeting of education ministers on March 10 to share ideas on how to continue learning and make sure all children are included in the plans.

The organization is helping countries affected by the closings to set up large-scale distance learning programs. It suggests free software that the schools and teachers can use to reach learners.

However, school closings can cause several problems. The biggest one is less time spent learning. Another is that parents need to divide their time between work and childcare and may lose income. Families who are already struggling cannot always help their children with home learning as can those who have a better economic situation.

In China, teachers came back to work after the Lunar New Year holiday to learn they would have to teach online. For some, it was the first time they had to do that.

Mr. Li in Chengdu teaches English to public high school students. He said he is teaching "mostly grammar or vocabulary, because it's not convenient for students to read, because some of them have a computer; some of them just have phones."

Li added that some students had gone to homes in the countryside without their textbooks. He said the local school district coached teachers on how to use software for online teaching. They asked teachers not to introduce new material they had planned for the school term.

assure：〜を保証する［確実にする］
continuity of learning：学習の継続
education minister：教育担当大臣

large-scale distance learning programs：大規模な遠隔教育プログラム

childcare：子どもの面倒をみること
lose income：収入を失う
struggle：ここでは「経済的に苦労する」の意

Lunar New Year holiday：旧正月休暇

Chengdu：成都（四川省の省都）

countryside：田舎
the local school district：その地域の学区
coach：指導する
online teaching：オンライン教育
school term：学期

アズレ国連事務局長は、ユネスコは「すべての児童生徒のために学習の継続を保証するために各国と協力して作業を進めている」と述べています。そしてユネスコは3月10日には教育担当大臣による緊急会議を開き、学習を継続し、すべての児童生徒がその学習に確実に参加できるようにするための方法を協議する予定です。

ユネスコは、休校措置の影響を受けている国が大規模な遠隔教育プログラムを開始するのを支援しています。また、学校や教員が学習者とコミュニケーションを図るために使える無償ソフトウェアの利用を勧めています。

しかし、休校措置によっていくつかの問題が生じる可能性があります。最大の問題は、学習に費やされる時間が少なくなることです。もう一つは、親が自分の時間を仕事と子どもの面倒をみることに二分しなければならなくなることです。すでに経済的に困難な状況にある家庭では、経済状態のよい家庭と同じようには、子どもの在宅学習をいつも手伝ってあげることはできないでしょう。

中国では、教員たちは旧正月が終わって仕事に戻ってみると、オンラインで教えなければならないのだとわかりました。教員によっては、そのようなことをしなければならないのは初めてのことでした。

成都に住む李氏は公立高校で英語を教えています。彼は次のように語っています。「ほとんど文法や語彙を教えています。というのは、生徒たちにとってリーディングはうまくいくとは限らないからです。パソコンを持っている生徒もいれば、電話しかない生徒もいるのです」。

李氏はさらに、教科書を持たずに田舎の家に戻った生徒たちもいると語りました。李氏によれば、各学区が教員にオンライン教育のためのソフトウェアの使い方を指導したそうです。当局は、その学期に使うつもりであった未使用教材は使わないようにと要請しています。

"At the beginning, the students seemed quite interested," he said; "Recently I get the data — so, it's not quite good — and some of them just stay in the class for a few minutes and some students, they miss the classes."

Students can ask questions when they are online but, Li said, they do not because they are afraid to speak. In a classroom, he can pull out a student to speak privately or provide extra instruction, but that is not always easy to do online.

Li said that he has learned to cherish in-school communication with students and will provide more chances to do that when they return. Until they do, Li said, "It's a challenge for them to become more independent."

Liam Duffy, a university professor in Wenzhou, has also been teaching online for two weeks. His students use the VoiceThread app on Blackboard to upload videos instead of giving presentations in class.

Duffy said, "Even somebody who was shy and might not have spoken up in class is going to get their chance. They have to kind of be 'out there' on a platform. A quiet student wouldn't even be facing their classmates, and now they are facing the whole class."

He observed that "it's the same deal as on campus in some ways." One student just made a recommendation about another teacher at the university. "So there is still that sort of campus community."

I'm Mario Ritter, Jr.

privately：個人的に
extra instruction：ここでは「補習」
の意

cherish：大切にする
in-school communication：
校内コミュニケーション

independent：自立した

Wenzhou：温州（浙江省南東部
にある港湾都市）
VoiceThread：VoiceThread 社
のアプリ。1つのスライドに対して
複数の人がいくつでもコメントでき
るツール
Blackboard：Blackboard 社が
提供している学習管理システム
speak up：遠慮なく発言する
get one's chance：チャンスを
得る
out there：世間、人前
face：顔を合わす
observe：（気づいたことを）述べる
deal：扱い、待遇

「最初は、生徒たちはけっこう関心を持ってくれた
ようだった」と李氏は述べています。「最近、その
調査結果が手に入ったのですが、それはあまりよく
ありません。授業に数分しか出なかったり、欠席す
る生徒もいます」。

生徒たちはオンライン授業の最中に質問をすること
ができますが、李氏によれば、生徒たちは話すこと
を恐れて質問をしないそうです。実際の教室では生
徒を一人だけ呼び出して一対一で話をしたり、補習
をしてあげたりできますが、それをオンラインで行
うのは必ずしも簡単ではありません。

李氏は、学校における生徒たちとのコミュニケーシ
ョンがどんなに大事なものかよくわかったとして、
生徒たちが戻ってきたらそうする機会をもっと持つ
ようにするつもりだと述べています。生徒たちが戻
ってくるまで「それは彼らにとって、より自立する
ための一つの挑戦」だと彼は語りました。

温州の大学教授リーアム・ダフィー氏もすでに
二週間オンラインで教えています。彼の学生た
ちは教室でプレゼンテーションを行う代わりに、
Blackboard のシステム上のアプリ VoiceThead
を使って動画をアップロードしています。

ダフィー教授は次のように語っています。「恥ずか
しがり屋で教室ではあまり積極的に発言しなかった
かもしれない学生でも（話をする）機会が得られる
でしょう。そういった学生はプラットフォーム上で
『人前』に出る必要があります。おとなしい学生は
クラスメートと対面することさえしようとしません
が、今はクラス全体と向き合っているのです」。

ダフィー氏は「それはいくつかの点で、キャンパス
におけるあり方と同じ」だと述べています。ある学
生が大学の別の教員を推薦したばかりなのです。「で
すから、その種のキャンパス・コミュニティは今も
存在するのです」。

以上、マリオ・リター・ジュニアがお伝えしました。

ジェンダー平等を達成し、すべての女性及び女児のエンパワーメントを行う

Achieve gender equality and empower all women and girls

SDGs の 5 番目に来るのはジェンダー平等達成に向けた目標で、女性であることに起因する政治的・社会的不平等の解消を目指しています。

日本でも政治経済分野での女性活躍促進のための法整備や、「性犯罪・性暴力対策の強化の方針」を打ち出すなどさまざまな取り組みが行われていますが、**世界経済フォーラム（World Economic Forum）** が公開している 2021 年のジェンダーギャップ指数ランキングでは日本は 156 カ国中 120 位となり、経済先進国としてはとても低い順位となりました[※1]。**管理職（manager）** や **議員（parliament member）・閣僚（minister）** における女性の比率がとても低いことがその原因となっています。

また、家庭内労働時間の偏りや必要なときの**避妊普及率（contraceptive prevalence rate）**、母子世帯の貧困など、要職についている女性の比率改善に限らず、ジェンダー平等の達成には多くの課題が残っています。

5.4 公共のサービス、インフラ及び社会保障政策の提供、ならびに各国の状況に応じた**世帯・家族内における責任分担（shared responsibility within the household and the family）** を通じて、**無報酬（unpaid）** の育児・介護や**家事労働（domestic work）** を認識・評価（recognize and value）する。

5.5 政治、経済、公共分野でのあらゆるレベルの**意思決定（decision-making）** において、完全かつ効果的な女性の参画及び平等なリーダーシップの機会を確保する。

5.6 国際人口・開発会議（ICPD）の行動計画及び北京行動綱領、ならびにこれらの検証会議の成果文書に従い、**性と生殖に関する健康及び権利（sexual and reproductive health and reproductive rights）** への**普遍的アクセス（universal access）** を確保する。

（外務省作成の仮訳より一部変更して引用）

※1 ランキングでは、経済・教育・健康・政治参加の四分野について 0 を完全な不平等の状態、1 を完全な平等の状態とするスコア付も行っている。日本は教育と健康の分野ではどちらも 0.98 と高いスコアとなっていたが、経済的地位の分野は 0.54、政治参加の分野にいたっては 0.06 と、とても低い数値となっていた。

ジェンダー平等の達成に向け、オンライン・オフラインを問わず世界各地で運動が行われています。すべての人の平等を達成するためにも、ジェンダー平等の達成は必要不可欠でしょう。

Photo: Rawpixel/iStockphaoto

　世界的には、女性の権利保護の面で言えば**児童婚（child marriage）**や**女性器切除（female genital mutilation: FGM）**が減少し、政治参画の面で言えば各国での**ジェンダークオータ制（gender quotas）**導入により女性議員の数が増加[※2]するなど、ジェンダー平等へ一定の進歩が見られました。その一方、コロナの流行で多くの女性・女児が家に閉じ込められた結果、家庭内暴力の増加や家庭内無償労働時間の増加を引き起こしています。また女性が携帯電話やインターネットを使えない国も多く、そういった国では報告された数よりも多くの被害が実際に起きていると考えられます。

　ジェンダー平等達成に向けた取り組みは女性に限らず多くの人の行動や考え方に影響を与えるものなので、キーワードを押さえれば英語ニュースもより理解がしやすいでしょう。

ピックアップ　テーマ 🔧 を深掘るキーワード

ジェンダー平等の達成に必要なこと

empowerment 力を与えること（ジェンダー平等の文脈では、自尊心や自己決定権の尊重や教育・社会・政治参加の機会平等を認めることを指す）

family planning 家族計画（国の政策や個別の事情に応じて、結婚したカップルが子どもをもうける機会を決めること）

reproductive age 再生産年齢

contraception 避妊

gender quotas （ジェンダー・）クオータ制（議席数や役員数において、一定割合を女性が占めることを求める制度）

gender-sensitive ジェンダーに配慮した

ジェンダー平等を阻むもの

gender gap 特定の性別に生まれたことで直面することになる格差

gender disparities 性差を理由として人為的に作られる格差

sexual exploitation 性的搾取

harmful practices 有害な慣行

female genital mutilation (FGM) 女性器切除

unpaid work 無償労働（無償で行われる家事や育児、高齢者介護などを指す）

abusive partners 虐待的なパートナー

Japanese Women Stand Against High Heels

日本の女性たちがハイヒール拒否キャンペーン

2019 年に Twitter 上で展開された #KuToo 運動をご存じでしょうか。この記事は #KuToo 運動を始めた石川優実さんのインタビューをもとに書かれており、石川さんが抱いていた問題意識を英語で知ることができます。

🔊 08

Thousands of Japanese women have joined a social media campaign against rules for what kind of clothing is acceptable at work. The campaign also rejects expectations that women wear high heels in the workplace.

The movement is called #KuToo. The term #KuToo is a play on the Japanese word "kutsu" for shoes and "kutsuu," meaning pain.

Yumi Ishikawa launched the campaign after leaving a message on the social networking service Twitter. She wrote about being forced to wear high heels for a part-time job at a funeral home. The 32-year-old said the requirement is an example of gender discrimination.

Ishikawa also works part-time as a writer and as an actress. She has started on online appeal to demand the government bar companies from requiring female employees to wear high heels on the job. As of Tuesday, nearly 20,000 women have signed the appeal.

Ishikawa wrote that wearing high heels causes health problems for women with their feet and in the lower back. "It's hard to move, you can't run and your feet hurt. All because of manners," she wrote, noting that men do not face the same expectations.

part **1** 人間

https://learningenglish.voanews.com/a/
japanese-women-stand-against-high-
heels/4945361.html

stand against：〜に反対する
campaign：キャンペーン（政治的、社会的）運動［活動］
acceptable：許容できる
reject：拒否する
workplace：職場
play on the Japanese word：日本語の言葉の遊び

launch：開始する

funeral home：葬儀場
requirement：要求されること
gender discrimination：性差別

online appeal：オンライン請願
demand：要求する
bar：禁止する
require：要求［要望］する

lower back：腰
manners：礼儀作法
face：直面する

何万人もの日本の女性が、職場でどのような服装が許容されるかという服装規定に反対してソーシャルメディアを利用したキャンペーン（署名活動）に参加しています。このキャンペーンは、女性は職場でハイヒールを履くものだという通念も拒否しています。

この活動は #KuToo と呼ばれています。#KuToo という用語は、日本語の靴（kutsu）と苦痛（kutsuu）をもじったものです。

石川優実さんがこのキャンペーンを始めたのは、ソーシャルネットワークサービスのツイッターに、あるメッセージを掲載したためでした。彼女は葬儀場でパートの仕事をするためにハイヒールを履くよう強制されたことについて書きました。32歳の石川さんは、そのような強制は一つの性差別だと述べました。

石川さんはパートタイムでライターと女優を兼業しています。彼女がこのオンライン請願を始めたのは、企業が女性従業員に職場でハイヒールを履くように強制するのを禁止するように政府に要請するためでした。火曜日（6月4日）現在、約2万人の女性がこの請願書に署名しています。

石川さんは、ハイヒールを履いていると足や腰に健康上の問題が出てくると書いています。「動きにくいし、走れないし、足が痛いのです。すべてが礼儀作法のために」と彼女は書き、男性は同じような通念に直面することはないと指摘しています。

While many Japanese companies may not exactly require female employees to wear high heels, many women do so because of tradition and social expectations.

Ishikawa said she had been the target of online harassment over the campaign, mostly from men. "I've been asked why I need to make such a big deal about this — can't I just work this out with your company?" she said.

Ishikawa told the Reuters news agency, "We need people to realize that gender discrimination can show up in lots of small ways." She noted the way women are treated by their supervisors and expectations that women will do all the housework and childcare — even if they work outside the home.

Japan, she said, is "way behind other countries in this regard." Japan finished in 110th place out of 149 countries in the World Economic Forum's gender-equality ratings.

social expectation：社会的通念

target：標的
online harassment：ネットい
じめ
make a big deal：大騒ぎする

realize：気づく
show up：現れる

way behind：かなり遅れて
World Economic Forum：
世界経済フォーラム
gender-equality ratings：
男女格差指数

必ずしも、日本企業の多くが女性従業員にハイヒールを履くように求めているわけではないでしょうが、多くの女性が慣習と社会的通念ゆえにそうしています。

石川さんはこのキャンペーンのことで、特に男性によるネットいじめの対象になってきたと言います。「どうしてそんなに大騒ぎする必要があるんだとか、自分の会社と話をつければそれですむじゃないかと言われました」。

石川さんはロイター通信に「私たちはみなさんに、性差別はさまざまな小さな形で現れるということに気づいてほしいのです」と語り、女性が上司にどう扱われるかや、女性はたとえ外で仕事をしていても家事や子育てもすべてするものだと思われていることなどを指摘しています。

日本は「この点においては他の国よりもかなり遅れている」と石川さんは言います。日本は、世界経済フォーラムの報告書「男女格差指数」では149カ国中110番目です。

Until recently, Japanese businessmen were expected to wear neckties at work. However, that has changed since the government launched a campaign in 2005 to persuade companies to turn down air-conditioners and reduce electricity use.

"It would be great if the country had a similar kind of campaign about high heels," said Ishikawa. The health ministry said it was considering the appeal, but had nothing more to say.

In Britain, Nicola Thorp launched a similar appeal in 2016 after she was sent home from work for refusing to wear high heels.

A parliamentary investigation found there was discrimination in British workplaces, but the government rejected a bill banning companies from requiring women to wear high heels.

I'm Alice Bryant.

persuade：説得する
turn down：つまみを回して弱く
する

health ministry：厚生労働省
（正式には Ministry of Health,
Labour and Welfare）
consider：考慮する

Nicola Thorp：ニコラ・ソープ（イ
ギリス人女性。職場で高さ5～10
センチのハイヒールを履くように指
示され抗議したところ、日給なしで
帰宅を命じられた）
parliamentary：議会の
investigation：調査、捜査
bill：法案
ban：禁止する

最近まで、日本のビジネスマンは仕事中にネクタイ
を締めるものだと思われていました。しかしそれは、
2005年に政府が企業に対し、エアコンを弱くして
消費電力を下げるようにというキャンペーンを開始
して以来、変わってきています。

「この国が同じようなキャンペーンをハイヒールに
ついても実施してくれたらどんなにいいでしょう」
と石川さんは語ります。日本の厚生労働省はこの請
願については考慮中だと回答しましたが、それ以上
の言葉はありませんでした。

イギリスでは2016年に、ニコラ・ソープさんが
ハイヒールを履くのを拒否して退社を命じられたた
め、同様の請願活動を始めました。

イギリス議会による調査では、イギリスの職場には
性差別が存在するという判断が下されましたが、企
業が女性にハイヒールを履くよう要求するのを禁止
する法案は議会で否決されました。

以上、アリス・ブライアントがお伝えしました。

Miss America to End Swimwear Competition

「ミス・アメリカ」が水着審査を廃止

服装規定に対する反対は「ミス・アメリカ」コンテストでも起きました。この記事ではコンテストにおける水着着用廃止に至るまでの背景と、廃止による今後の展望への思いが述べられています。

 09

This is What's Trending Today…

Officials with the Miss America Organization say the pageant is ending its swimwear part of the competition.

The head of the organization, Gretchen Carlson, announced the change Tuesday. She said the event will no longer judge competitors on their appearance but on "what makes you you."

The pageant began in the seaside town of Atlantic City, New Jersey almost 100 years ago.

In recent years, women's groups and others have criticized the pageant. They say making the competitors wear swimsuits is outdated and sexist.

Tuesday's announcement came after leadership changes within the Miss America Organization. The changes followed reports last December that Miss America officials had criticized winners' intelligence, appearance and sex lives. The comments appeared in emails that were made public.

https://learningenglish.voanews.com/
a/miss-america-to-end-swimwear-
competition/4425817.html

pageant：コンテスト
competition：競争、コンテスト

judge：審査する
competitor：（競技・コンテスト）
の参加者［出場者］
what makes you you：「その人
をその人たらしめていること」、その
人の人柄や能力

criticize：非難する

outdated：時代遅れの
sexist：性差別主義（の）

sex life：性生活

さあ、「What's Trending Today」の時間です。

ミス・アメリカ主催団体の関係者が、ミス・アメリ
カ・コンテストの水着着用の部を取りやめると発表
しました。

主催団体のグレッチェン・カールソン理事長は、こ
の変更を火曜日に発表しました。彼女は、本コンテ
ストでは今後、出場者を外見ではなく、「その人を
その人たらしめていること」に基づいて評価すると
述べています。

このコンテストはおよそ100年前にニュージャージー
州アトランティックシティの海辺の町で始まりました。

ここ数年、女性グループなどがこのコンテストを批
判しています。出場者に水着を着用させるのは時代
遅れで性差別だというのです。

火曜日の声明は、ミス・アメリカ主催団体における
幹部入れ替えのあとで出されました。この入れ替え
劇は、昨年12月、ミス・アメリカ主催団体の幹部
らが、過去にミス・アメリカとなった女性たちの知
性、容姿、性生活を非難したという報道に端を発し
ています。その非難の言葉は公表されたeメールに
書かれていたものです。

Women now hold the top three positions at the organization.

Carlson said the organization heard from former Miss America competitors who told leaders they do not "want to be out there" in swimsuits.

"Guess what? You don't have to anymore," Carlson said Tuesday on the television program *Good Morning America.*

In place of the swimsuit competition, competitors will take part in a meeting with the judges. Each woman will discuss her life goals and how she will use her own skills to "perform the job of Miss America," the organization said in a statement.

Carlson said, "It's what comes out of their mouths that we care about."

Leanza Cornett won Miss America in 1993. She supported the dropping of the swimsuit competition.

She said, "In the climate of #MeToo, I think it's a really wise decision. We're living in a different era now, and when we move forward for the empowerment of women, we will be taken much more seriously, and I think that's huge."

The changes will start with this year's national competition in September.

And that's What's Trending Today…

現在、主催団体のトップ3の地位は女性が占めています。

カールソン氏は、主催団体はミス・アメリカ・コンテストに出場した女性たちから、水着姿で「出場したくない」と聞いていると述べました。

Good Morning America：
『グッド・モーニング・アメリカ』
（アメリカの ABC テレビの朝の報道・情報番組）

「どうなったと思いますか。もうそんなことはしなくてもいいのですよ」とカールソン氏は火曜日にテレビ番組『グッド・モーニング・アメリカ』で述べています。

judge：審査員
life goal：人生の目標

水着審査の代わりに、出場者は審査員らとの討議に参加することになるでしょう。出場者はそれぞれの人生目標について、そして自分の能力を「ミス・アメリカとしての任務を果たす」上でどのように使うかを話すだろうと主催団体は声明で述べています。

care about：〜に関心がある

カールソン氏は、「私たちが関心を持っているのは、彼女たちの口から発せられることなのです」と語りました。

dropping：（習慣・仕事などを）やめること

リエンザ・コルネットさんは 1993 年のミス・アメリカでした。彼女は水着審査廃止に賛同して次のように語っています。

climate：風潮
#MeToo：「私も（me, too）」を意味するハッシュタグ。セクシャルハラスメントや性的暴行の被害体験を告白・共有する際に使用される。
empowerment：エンパワーメント（権限を持たせたり、自信を与えたりすること）。ここでは女性が力をつけ、連帯して行動することによって女性の置かれた不利な状況を変えていこうとする考え方を指す。

「#MeToo 運動が広まっていく中で、これは実に賢明な選択だと思います。今、私たちは以前とは違う時代を生きているのです。私たちが女性のエンパワーメントに向けて前進していれば、女性はずっと真摯に受け止められるでしょうし、それは大きなことなのだと思います」

この方針転換は 9 月に開催される本年度の全米大会から実施されるでしょう。

以上、本日の「What's Trending Today」でした。

すべての人々の水と衛生の利用可能性と持続可能な管理を確保する

Ensure availability and sustainable management of water and sanitation for all

　SDGsの6番目に来るのは、水と**衛生（sanitation）**に関する目標です。公衆衛生については日本は世界的に見ても高い水準にあり、心配に感じる点は少ないと思いますが、実は水利用の持続可能性の面で見ると、いくつか不安な点があります。

　日本は降水量が世界平均の1.4倍でありながら、一人あたりの降水量が世界平均の1/4しかなく[※1]、地下水の利用や降水の効率的な貯蔵が必要となっています。しかし日本は地形的に河川の勾配が急で長さが短く、雨が降っても短時間で海に流れ出てしまうといった問題を抱えています。更に地球温暖化で降水量の変動幅が増加、つまりゲリラ豪雨と雨が降らない日が両方増加するといった事態になっており、渇水の発生リスクが拡大している状態です。

　また水道インフラが老朽化し耐震化が遅れており、また浸水対策が講じられていない浄水場が多くあるなど、インフラ面でも不安が残っています。

　水資源の供給が需要に追いつかない状態は**水ストレス（water stress）**と呼ばれますが、日本でもこの水ストレスが発生する可能性が高まっているのです。

6.1　2030年までに、すべての人々の、**安全で安価な飲料水（safe and affordable drinking water）**の普遍的かつ平等なアクセスを達成する。

6.4　2030年までに、全セクターにおいて水の利用効率を大幅に改善し、**淡水の持続可能な採取及び供給を確保し水不足に対処（ensure sustainable withdrawals and supply of fresh water）**するとともに、水不足に悩む人々の数を大幅に減少させる。

（外務省作成の仮訳より一部変更して引用）

※1　国土交通省が作成・公開している「日本の水資源の現況」によれば、年平均降水量は世界平均が1,171mmで日本は1,668mmだが、一人あたり年降水総量は世界平均が約20,000m³/人、日本は約5,000m³/人となっている。

水も人々が生活していくのに欠かせない要素の一つです。特にきれいな水は飲料水としてだけでなく、体や服、食器などを洗って衛生状態をよく保つためにも必要です。

Photo: vlad_karavaev/iStockphaoto

　コロナの流行は水の利用と衛生の確保が持つ重要性を浮き彫りにしましたが、世界にはそれらの利用・確保が不十分な地域が多く存在します。きれいな水を利用するためには水道インフラの整備だけでなく、**国境を越えた協力（transboundary cooperation）** も必要です。世界の淡水の6割は**越境水域（transboundary waters）** からもたらされており、それらの**統合水資源管理（integrated water resources management: IWRM）**※2 は水の平等なアクセスに必要となります。

　水と衛生の利用可能性はコロナウイルスの感染抑制とも深く紐付くことを念頭に置けば、水と衛生の確保に関する英語ニュースも、より簡単に理解できるのではないでしょうか。

ピックアップ テーマ 🔨 を深掘るキーワード

安全な水利用のための体制

basic drinking water services 基本的な水供給サービス（水道や井戸など、安全な水が供給されるサービスを指す）

improved water source 改善された水源（水質汚染から十分に保護されている水源）

renewable freshwater resources 再生可能な水資源（河川の水や地下水などを指す）

safely managed drinking water services 安全に管理された飲み水（自宅で必要なときに入手でき、水質汚染から保護された水源から得られる飲み水）

accessible on premises 敷地内でアクセスできる

desalination 脱塩化、淡水化

衛生環境を実現するための仕組み

hygiene（個人の）衛生状態

sanitation（公衆）衛生、衛生設備

basic sanitation services 基本的な衛生施設（一世帯が単独で利用できるトイレや手洗い設備）

safely managed sanitation services 安全に管理された公衆衛生サービス（トイレや手洗い設備など）

anthropogenic wastewater 人間活動に起因する廃水

excreta 排泄物

安全な水利用や衛生環境をおびやかすもの

water contamination（異物混入など個別のケースにおける）水質汚染

water pollution（川や湖などの全体的な）水質汚染

open defecation 屋外排泄

※2　環境に配慮しつつ、水や関連する資源の開発・管理を、様々な主体間で協調的に行うことを促すプロセスのこと。　83

Brazil: Water Is an International Problem

ブラジル発：水不足は世界的な問題

水不足は日本も含め、世界規模で広がる問題です。この記事では「世界水フォーラム」開催都市で、水不足に苦しむ都市でもあるブラジリアの知事の講演を元に、水不足対策の重要性とその具体策が述べられています。

 10

A Brazilian official says water restrictions in Brasilia will end by December, when an extended supply system will be completed.

United Nations officials say Brasilia, the capital of Brazil, is one of a growing number of cities with water shortages.

A U.N. report says water is in demand around the world as temperatures on Earth's surface rise and demand grows along with populations.

The report was released this week at the World Water Forum in Brasilia. The conference has been described as the world's largest water-related event.

Federal District Governor Rodrigo Rollemberg spoke at a panel discussion on Tuesday at the forum. He described water shortages as a worldwide problem.

"Here in Brasilia, it is no different," he added.

part
1
人
間

official：当局者、関係者
water restriction：給水制限
extended：拡張された
supply system：（水）供給システ
ム
growing：増えつつある
water shortage：水不足
U.N. report：国連の報告書、
正確にはユネスコの「国連世界水発
展報告書」。
be in demand：需要がある
along with：〜とともに
World Water Forum：世界水フ
ォーラム（世界の水関係者が一堂に
会し、水問題解決のために討議する
国際会議）
conference：会議
describe：表現する、呼ぶ
Federal District：連邦直轄地
（ブラジルの首都ブラジリアがある）
governor：ブラジルの各州及び連
邦直轄地の知事
panel discussion：パネルディ
スカッション（討論形式の一つ。掲
げられたテーマについて複数の人が
公開で討議を行う）

ブラジル政府当局者は、ブラジルでの給水制限は12月までに解消するだろうと発表しました。それまでには拡張された給水システムが完成する予定です。

国連関係者によると、水不足の問題を抱える都市が世界各地で増えていますが、ブラジルの首都ブラジリアもその一つです。

国連の報告書には、地球の表面温度が上昇すると世界中で水の需要が高まり、さらに需要は人口の増加とともに高まると述べられています。

この報告書は今週ブラジルで開催された「世界水フォーラム」で発表されました。この会議は水資源に関するものとしては世界最大級のものだと言われています。

ブラジリア連邦直轄区（以下、連邦区）のロドリゴ・ローレンバーグ知事はこの国際フォーラムの水曜日のパネルディスカッションで講演しました。彼は水不足は世界的な問題だと述べました。

「ここブラジルでも状況はまったく変わりません」と彼は言っています。

The public water supply has less water because of low rainfall as well as fast and disorderly growth in Brasilia, which is part of the Federal District, Rollemberg said.

In January 2016, after three years of little rain, district officials began limiting how much water people could use.

The governments of the Federal District and the nearby state of Goias also gave $166 million to develop water infrastructure.

When work is completed, the expanded water supply will provide 2,800 liters of water per second to the Federal District's 3 million people, and the same amount to Goias, said Rollemberg.

About 16 percent of Brazil's 5,570 cities have water problems, the federal government said.

public water supply：公共水
道システムを利用した水の供給
low rainfall：少ない降水量
disorderly：無秩序な

limiting：制限すること

Goias：ゴイアス州（ブラジルの首
都ブラジリアはこの州の中にある）

公共水道システムによる水の供給は、降水量が少な
かった上に、連邦区にあるブラジリアが急速かつ無
秩序に発展したため、その量が少なくなってしまっ
たとローレンバーグ氏は語りました。

2016年1月、雨不足が3年続いたあとで、連邦区
の当局者らは住民が使うことのできる水の量を制限
し始めました。

連邦区及び連邦区と隣接するゴイアス州の政府も、
水道のインフラ開発のために1億6,600万ドルの
資金を投じました。

この事業が完了すると、水の供給量が増え、連邦区
の住人300万人に一秒当たり2,800リットル、さ
らにゴイアス州にも同量の水を供給することになる
だろうとローレンバーグ氏は述べています。

ブラジルにある全5,570の市町村のおよそ16パー
セントが水不足の問題を抱えていると連邦政府は言
います。

Demand around the world is expected to increase by nearly one-third by 2050. By then, 5 billion people could be left with poor access to water, the U.N. warned in its 2018 World Water Development Report.

To avoid such a crisis, U.N. officials called for "nature-based solutions" that use or copy natural processes that should be used to increase water availability. They said solutions could include changing farming methods so fields keep more moisture and nutrients, collecting rainwater, and protecting wetlands. The officials also proposed reestablishing floodplains and said that plants could be grown on housetops.

Such proposals will become more important as water industries grow.

By 2025, the worldwide demand for agriculture is expected to rise by about 60 percent, and energy production by around 80 percent, the report also said.

I'm Susan Shand.

poor access：入手するのが困難なこと

warn：警告する

nature-based solution：自然（環境保護）に基づいた解決策

copy：真似る

natural process：自然のあり方

availability：利用できること

farming method：耕作方法

moisture：水分

nutrient：栄養分

wetland：湿地帯

reestablish：再生する

floodplain：氾濫原（河川の水が洪水時に氾濫する範囲にある平野部分）

housetop：家の屋根の上

世界の水需要は2050年までに（現在の）およそ3分の1増加すると予想されています。それまでには50億人が水を手に入れるのに苦労する可能性があると、2018年の「国連世界水発展報告書」では警鐘を鳴らしています。

そのような水不足危機を避けるために、国連関係者らは「自然環境保護に基づいた解決策」を呼びかけました。これは自然のあり方をそのまま利用したり真似たりして水の供給量を増やすべきだとするものです。彼らによれば、こうした解決策には、田畑が水分や栄養分を保持できるように農業のやり方を変えたり、雨水を貯めたり、湿地帯を保護したりすることなどが含まれます。国連関係者らはまた、（失われた）氾濫原を再生することを提案し、屋根の上で植物を育てることもできると述べています。

そうした提案は今後、水関連産業が成長するにつれてより重要になっていくでしょう。

2025年までに世界の農業用の水需要はおよそ60パーセント、そしてエネルギー生産のためにはおよそ80パーセントも増えるだろうということも、この国連報告書には述べられています。

以上、スーザン・シャンドがお伝えしました。

One in Four People at Risk of Lacking Water

世界人口の４分の１が水不足の危機に直面

　水不足発生のリスクは多くの研究機関でも警告されています。この記事では、水不足発生リスクの高さを表す「水ストレス」や、それを可視化する WRI アトラスについて述べています。

🔊 11

One in four people around the world is at risk of facing dangerous water shortages, an American research organization warned Tuesday. India is at the highest risk.

Seventeen countries face "extremely high water stress" because they use 80 percent of their available water each year. The situation is made worse by a rise in dry periods linked to climate change, the World Resources Institute, or WRI, said.

"We're currently facing a global water crisis," said Betsy Otto, director of WRI's global water program.

New information from WRI's Aqueduct Water Risk Atlas showed the countries suffering most are in and around the Middle East and North Africa.

The WRI Atlas is a risk-mapping tool that helps governments, companies, investors, and other users understand where and how water risks arise worldwide.

Qatar is the most water-stressed country, followed by Israel and Lebanon.

VON LEARNING ENGLISH

ABOUT LEARNING ENGLISH　BEGINNING LEVEL　MORE ☰　🔊 AUDIO MENU ⌄

AS IT IS

One in Four People at Risk of Lacking Water

August 09, 2019

In this Thursday, July 18, 2019, photo, a boy waits at a water distribution point in Chennai, capital of the southern Indian state of Tamil Nadu. (AP Photo/Manish Swarup)

https://learningenglish.voanews.com/
a/one-in-four-people-at-risk-of-water-
shortages/5033036.html

(be) at risk of：〜の危険にさらされている

lack：〜を欠いている

risk：リスク、危険性

water shortage：水不足

water stress：水ストレス（1人当たりの年間使用可能水量が1700トンを下回り、日常生活に不便を感じる状態）

dry period：乾燥期

World Resources Institute (WRI)：世界資源研究所

global water crisis：世界的な水危機

Aqueduct Water Risk Atlas：アキダクト水危機マップ（世界各地域のさまざまな水リスク状態を示したオンラインマップ）。aqueduct は水路、用水路の意味

Qatar：カタール

Israel：イスラエル

Lebanon：レバノン

世界人口の4分の1が危険な水不足の危機に直面していると、アメリカの研究所が火曜日に警鐘を鳴らしました。その危険性が最も高いのはインドです。

世界17カ国では、利用可能な水（地表水及び地下水）の80パーセント以上が毎年使われていて、「きわめて高いレベルの水ストレス」状態にあります。この状況は、地球温暖化によって引き起こされる乾燥期が増えているために悪化の傾向にある、と世界資源研究所（WRI）は報告しています。

「私たちは今、世界的な水危機に直面しているのです」と語るのは WRI の Global Water Program のディレクター、ベッツィ・オットー氏です。

WRI の「アキダクト水危機マップ」の最新情報によれば、水不足が最も深刻なのは中東と北アフリカ、及びその周辺地域です。

WRI の「水危機マップ」は、政府や企業、投資家などのユーザーが、どこでどのような水危機が発生しているかを知るのに役立つリスクマッピングツールです。

水ストレスが最も高い国はカタールで、そのあとにイスラエルとレバノンが続きます。

India is 13th among "extremely high" water-stressed nations. But with a population of more than 1.3 billion, it has more than three times the people in the other 16 countries combined. In those countries, agriculture, industry and cities depend on avoiding water "bankruptcy."

Water bankruptcy means there is no possibility of full recovery from water shortages.

India's sixth-largest city, Chennai, was the latest city worldwide to warn it could be without water, as water storage levels fell.

That followed similar announcements from South Africa's Cape Town last year and Brazil's Sao Paulo in 2015.

"We're likely to see more of these kinds of 'Day Zeros' in the future," said Otto.

Many things threaten the world's water supplies, from climate change to poor supervision, WRI said.

High dependence on groundwater supplies, which are decreasing, is an added concern, Paul Reig told reporters. He leads work on the Aqueduct Water Risk Atlas. Reig noted groundwater supplies are difficult to measure and manage because they are deep below the Earth's surface.

Nearly a third of the world's fresh water is groundwater. That information comes from the U.S. Geological Survey, a government agency.

water-stressed nation：「水ストレス」が発生している国	インドは水ストレスが「きわめて高い」17 カ国中 13 番目ですが、インドの人口は 13 億人以上であり、これは他の 16 カ国の人口の合計の 3 倍以上です。このような国では農業、工業、都市は「水破綻（water bankruptcy）」を回避することで存続しています。
water bankruptcy：水破綻	「水破綻」とは「水不足から完全に回復する見込みがない」ことを意味します。
Chennai：チェンナイ（インド南東部、ベンガル湾に面する都市）	ごく最近ではインド第 6 の都市チェンナイが、貯水池の水位が下がってきたため渇水の可能性があると警鐘を鳴らしています。
Cape Town：ケープタウン **Sao Paulo**：サンパウロ	それ以前では、南アフリカのケープタウンが昨年に、そしてブラジルのサンパウロが 2015 年に同様の声明を出しています。
Day Zeros：「デイゼロ」（水道水が使えなくなる日。南アフリカ共和国のケープタウンで大規模な水危機があったときに広まった言葉で、文字通り「蛇口からまったく水が出なくなる日」という意味） **supervision**：管理	「今後、このような『デイゼロ』のさらなる発生を見ることになりそうです」と WRI のオットー氏は述べています。 地球温暖化から管理不行き届きまで、多くの問題が世界の水供給を脅かしていると WRI は報告しています。
added concern：さらなる懸念	減少している地下水供給に大きく依存していることが、さらなる懸案事項だとポール・レイグ氏は記者たちに語っています。レイグ氏は WRI の「水危機マップ」作りを主導しています。彼が指摘するように、地下水は地表から深いところにあるため測定や管理が難しいのです。
fresh water：淡水 **Geological Survey**：地質調査所	世界の淡水のほぼ 3 分の 1 は地下水です。この情報はアメリカ政府機関「地質調査所」発表のデータに基づいています。

"Because we don't understand (groundwater), and don't see it, we manage it very poorly," Reig said.

WRI's Atlas listed 189 countries in order of water stress, drought and river flood risk. The organization worked with universities and research organizations in the Netherlands and Switzerland, using information from the 1960s to 2014.

I'm Alice Bryant.

「私たちは（地下水について）はよく理解していません。地下水は見えないので、なかなかうまく管理できないのです」レイグ氏はそう語りました。

WRI の「水危機マップ」では、世界 189 カ国の「水ストレス、干ばつ、河川の洪水」などをリスクごとにレベル分けして表示しています。WRI はオランダとスイスの大学及び研究所と共同で作業し、1960年代から 2014 年までのデータを利用して、このオンラインマップを作成しました。

アリス・ブライアントがお伝えしました。

Part 2

繁栄
Prosperity

「5つのP」の2つ目は Prosperity（繁栄）です。これに該当する目標は5つあり、私たち人間が充足した生活を自然との調和のもとに送るために必要とされる目標です。

エネルギー問題の解決や働きがいの向上に関する目標など、Part 1と比較すると馴染みがあり、また関心を寄せる人が多い目標が揃っています。またイノベーションに関する目標（目標9）については、特に日本の大学で働く方に興味を持ってほしい目標です。

この章を読みながら「日本では今こうではないか」と想像しつつ英語ニュースの理解を進めることで、各SDGへの理解も深まっていくのではないでしょうか。

Photo: metamorworks/iStockphaoto

561.84

451.91

エネルギーをみんなに そしてクリーンに

すべての人々の、安価かつ信頼できる 持続可能な近代的エネルギーへの アクセスを確保する

Ensure access to affordable, reliable, sustainable and modern energy for all

SDGs の 7 番目、繁栄に関する目標の最初はエネルギー利用の目標です。日本でエネルギーと言えば、電力自由化が思い浮かぶ方も多いのではないでしょうか。自由化以降さまざまな電力会社が参入してきており、**再生可能エネルギー（renewable energy）**で発電された電力を提供する会社も増えてきています。

電気料金の請求書で「再生可能エネルギー発電促進賦課金」の項目を目にしたことはないでしょうか。固定価格買取制度で各電力会社には再生可能エネルギーの買取が義務づけられており、その一部を賦課金という形で各世帯が負担することで再生可能エネルギーの普及を進めているのです。

このように国をあげて導入が進められている再生可能エネルギーですが、海外、特にヨーロッパと比較するとまだその導入比率は低く、2020 年度日本での再生可能エネルギー導入比率が約 20%※1 なのに対して、ヨーロッパでは多くの国が 40% 以上の導入比率に到達しています。2050 年までに**カーボンニュートラル（carbon neutral）**が目指されることを考えると、より一層の導入拡大が必要とされる状況です。

7.2 2030 年までに、世界の**エネルギーミックス（energy mix）**における再生可能エネルギーの割合を大幅に拡大させる。

7.a 2030 年までに、再生可能エネルギー、エネルギー効率及び**先進的かつ環境負荷の低い化石燃料技術（advanced and cleaner fossil-fuel technology）**などのクリーンエネルギーの研究及び技術へのアクセスを促進するための国際協力を強化し、エネルギー関連インフラとクリーンエネルギー技術への投資を促進する。

（外務省作成の仮訳より一部変更して引用）

※1 環境エネルギー政策研究所（ISEP）作成・公開のデータセットによれば、2020 年の供給電力のうち太陽光と水力で発電されたものがそれぞれ全体の約 8% を占めた。また全体の約 76% が火力発電、約 5% が原子力発電によるもの。

電力は現代社会を成立させるために
必須の要素ですが、その多くが石炭や
石油を用いた火力発電からの供給に
依存しています。
持続可能な形で発展するために、太陽
光発電、風力発電といった再生可能エ
ネルギーの導入拡大が世界的に求め
られています。

Photo: Petmal/iStockphaoto

　一方、世界的には電力を利用することができない人の数はまだまだ多いまま
です。特に**医療施設（health facility）**はコロナの流行でその重要性を増して
いますが、世界銀行の調査によれば、アフリカとアジアの6カ国では医療施
設の約25%が**電化（electrified）**されておらず、また約28%が予定外の**停
電（unscheduled outages）**といった不安定な電力供給に悩まされています
[※2]。さらに、調理時にガスや電気などの**クリーンな調理燃料（clean cooking
fuels）**を使えず、**薪（firewood）**や**石炭（coal）**、動物のフンといった有害
なガスを発生させる燃料を使用している人の数の多さも問題視されています。

　再生可能エネルギーの利用やクリーンなエネルギーの安定的利用といった
二つの事柄が世界的な課題になっていることを押さえることで、エネルギー
に関する英語ニュースの理解もスムーズに進むのではないでしょうか。

ピックアップ　テーマ🔨を深掘るキーワード

エネルギー供給に関する管理指標

greenhouse gas emissions 温室効
果ガス排出（量）

access to electricity 電気設備の利用（率）

energy mix エネルギーミックス、電源構成
（発電に利用されるエネルギーの組み合わせ）

未発達のエネルギー供給がもたらす弊害

unscheduled outages 予定外の停電

voltage fluctuations 電圧変動

traditional biomass energy use
伝統的なバイオマスエネルギー利用（調
理や暖房の際に、薪や生き物のフンを燃
やすこと。有害なガスが発生し、屋内空
気汚染の直接的な原因となる）

安全なエネルギーを使うために

affordable 利用できる価格帯の

clean cooking fuels クリーンな調理用
燃料

renewable energy 再生可能エネルギー

biofuels バイオ燃料（主に石炭・石油の
代替燃料となるエタノールや合成ディー
ゼルを指す）

carbon neutral カーボンニュートラル、
炭素中立（人間の活動によって生じる CO_2
の量と森林や海などに吸収される CO_2 の
量を同じにすることで、実質的な CO_2 排
出量をゼロにする取り組み）

※2 数値は2018年の調査によるもの。対象となった6カ国は、カンボジア、ミャンマー、ネパール、エチオピ
ア、ケニア、ニジェール。

CO$_2$ Emissions from Power Industry Fell 2 Percent in 2019

発電部門による CO$_2$ 排出量、2019 年は 2% 減少

二酸化炭素の排出において、その大部分を占めるのは発電所によるものです。この記事の最後に述べられているように、排出量を抑えるためには再生可能エネルギーの導入が重要です。

🔊 12

Carbon dioxide (CO$_2$) emissions from the world's electric power industry fell by two percent last year, a study shows. That represents the biggest decrease in such emissions since at least 1990.

The study comes from the International Energy Agency, or IEA, which is based in Paris. It found that the decrease in emissions largely resulted from reduced coal usage in Europe and the United States, which burn coal to generate electricity.

The IEA reports that the electricity-generation industry produced 36 percent of all energy-related emissions in developed economies. The study showed that the United States reduced its CO$_2$ emissions by 140 million tons — the largest amount of any country.

Additional data from a climate research group showed that coal-generated electricity around the world fell by three percent in 2019. The Ember research group noted that coal use in Europe dropped by 24 percent, while it dropped 16 percent in the U.S. China was responsible for half of the world's coal-generated electricity.

part **2**

繁栄

carbon dioxide emission：
二酸化炭素（CO_2）の排出量
power industry：発電業界、
発電部門
electric power industry：
発電業界、発電部門
represent：〜を表す
**International Energy
Agency (IEA)**：国際エネルギー
機関（経済協力開発機構の下部組織、
石油を中心とするエネルギーの安全
保障を目的とする）
**result from reduced coal
usage**：石炭使用量の減少に起因
する
generate electricity：発電する
**electricity-generation
industry**：発電業界、発電部門
developed economy：先進国
climate research group：
気候調査団体
Ember research group：エン
バー研究グループ

世界各国の発電部門が排出する CO_2（二酸化炭素）
の排出量が昨年は 2 パーセント減少したことが、あ
る調査でわかりました。これは少なくとも 1990 年
以降、CO_2 排出量が最も減少したことを表します。

この調査はパリに事務局を置く国際エネルギー機関
（IEA）が行ったものです。CO_2 の排出量が減少した
のは、発電のために石炭を燃やす欧米諸国で、石炭
の使用量が減少したからだとIEAは報告しています。

IEA の報告によると、先進国におけるエネルギー関
連排出量の 36 パーセントは、各国の発電部門が排
出したものでした。今回の調査で、アメリカは CO_2
排出量を 1 億 4,000 万トン削減したことがわかり
ました。これは、他のどの国よりも多い削減量です。

ある気候調査団体が発表した別のデータによると、
世界全体の石炭火力による発電量は 2019 年には 3
パーセント減少しています。その団体「エンバー研
究グループ」は、欧州諸国における石炭の使用量は
24 パーセント減少し、アメリカでは 16 パーセント
減少したと述べています。世界の石炭火力による発
電量の半分は中国政府によるものです。

101

In 2019, coal use decreased in many areas, including Japan and South Korea. Both countries have increasingly turned to natural gas and nuclear energy for their power needs.

Dave Jones helped write the report by Ember. Jones told the Reuters news agency that the worldwide reduction in coal use is "good news for the climate," but he said governments should do more.

"To switch from coal into gas is just swapping one fossil fuel for another," he said.

Coal, oil and other fossil fuels are all carbon-based and thought to increase CO_2 in Earth's atmosphere.

In a statement, the IEA said the world's total emissions remained unchanged, although the world's economy grew 2.9 percent in 2019.

Wind and solar energy generation increased by 15 percent last year. Hydroelectric power and nuclear energy also do not add CO_2 emissions to the atmosphere.

The report examined information covering 85 percent of the world's electricity generation in the world's largest economies. Researchers estimated the remaining 15 percent.

The IEA found that energy-related CO_2 emissions have been decreasing in the United States, the EU and Japan. However, emissions in the rest of the world have risen since 2018.

I'm Mario Ritter, Jr.

2019 年には日本や韓国など多くの国と地域で石炭の使用量が減少しました。日本と韓国では電力需要のために、天然ガスと原子力への転換が進んでいます。

nuclear energy：核エネルギー、原子力
power needs：電力需要
Reuters news agency：ロイター通信

デイブ・ジョーンズ氏はエンバー研究グループの報告書に寄稿しました。ジョーンズ氏はロイター通信に、世界的に石炭の使用量が減少したことは「気候のためにはよい知らせ」であるが、各国政府がやるべきことはもっとたくさんあると語っています。

swap：交換する
fossil fuel：化石燃料

「石炭から天然ガスに切り替えることは、ある化石燃料を別の化石燃料に変えることにほかならない」とジョーンズ氏は指摘しました。

atmosphere：大気

石炭、石油などの化石燃料はすべて炭素系燃料で、地球の大気中の二酸化炭素を増やすと考えられています。

IEA はある声明の中で「2019 年に世界経済は 2.9 パーセント成長したにもかかわらず、世界の CO_2 総排出量は横ばい状態だった」と述べています。

wind and solar energy generation：風力及び太陽光による発電（量）
hydroelectric power：水力発電

昨年、風力と太陽光による発電量が 15 パーセント増加しました。水力発電も原子力発電も大気中に CO_2 を排出しません。

large economy：経済大国

今回の IEA の調査報告は、先進経済諸国における発電量の 85 パーセントについてのデータを分析したものです。残り 15 パーセントについては調査チームの推定に基づいています。

IEA の調査によって、エネルギー関連の CO_2 排出量はアメリカ、EU 諸国、日本では減少したことがわかりました。しかし、世界の他の地域における CO_2 排出量は 2018 年以降増大しています。

マリオ・リター・ジュニアがお伝えしました。

part 2

繁栄

Researchers Find Way to Turn Carbon Dioxide into Valuable Fuel

研究者らが、二酸化炭素を価値ある燃料に変える装置を開発

排出された二酸化炭素を、森や海で吸収する以外に減らす方法はないのでしょうか。この記事ではその答えの一つとして、二酸化炭素をエネルギー源に変えてしまう技術を紹介しています。SDGs の達成には、このような発想の転換も必要でしょう。

🔊 13

Scientists blame greenhouse gases for being a major cause of climate change around the world. This is because greenhouse gases trap heat in the atmosphere and make the planet warmer.

Higher temperatures have caused major environmental problems on Earth, scientific research shows. These problems include loss of sea ice, rising sea levels, loss of ocean life and more intense weather events. Such problems are predicted to worsen unless governments around the world take action to reduce greenhouse gases.

Carbon dioxide is one of the major greenhouse gases. Most of this heat-trapping gas is produced through human activities related to burning fossil fuels for electricity, heat and transportation. Several major industries have attempted to move away from fossil fuels in favor of cleaner energy solutions.

Now, a team of researchers has announced a successful experiment that turned carbon dioxide into useful liquid fuel. The research was led by scientists from Rice University in the United States and was supported by the U.S. Department of Energy.

part
2
繁栄

https://learningenglish.voanews.com/
a/researchers-find-way-to-turn-carbon-
dioxide-into-valuable-fuel/5090884.html

carbon dioxide：二酸化炭素
valuable：有益な、価値ある
greenhouse gas：温室効果ガス
climate change：気候変動
trap：閉じ込める
atmosphere：大気圏
the planet：惑星。ここでは「地球」のこと
ocean life：海洋生物
intense weather event：厳しい気象現象
predict：予測する
worsen：悪化する

heat-trapping gas：熱を閉じ込めるガス、温室効果ガス

fossil fuel：化石燃料
in favor of：〜に賛成の
solution：解決（方法）

experiment：実験
liquid fuel：液体燃料

Department of Energy：エネルギー省

科学者たちは、温室効果ガスが世界中で起きている気候変動の最たる原因であると非難しています。その理由は、温室効果ガスは大気中の熱を閉じ込めて地球の温度を上げるからです。

気温上昇が地球に大きな環境問題を引き起こしていることは科学研究によってわかっています。そのような問題として、海氷の減少、海面上昇、海洋生物の減少、より厳しい気象現象などがあります。こういった問題は、世界各国政府が温室効果ガスを減少させるための対策をとらないかぎり、悪化するだろうと予測されています。

二酸化炭素は主たる温室効果ガスの一つです。温室効果ガスのほとんどは、電気や暖房や輸送のために化石燃料を燃やすことに関連した人間活動の産物です。主要産業界の中には、よりクリーンなエネルギー・ソリューションという考え方に賛同して化石燃料からの移行を図っているところもあります。

今回、ある研究チームが、二酸化炭素を有益な液体燃料に変える実験に成功したと発表しました。この研究はアメリカのライス大学の科学者たちが主導し、米エネルギー省の支援を受けています。

The findings were recently published in *Nature Energy*.

The researchers created a device, called a reactor, that converts carbon dioxide into a pure form of formic acid. Formic acid is a substance found in ants and some other insects, as well as in many plants. It is used as an antibacterial material and in the processing of some kinds of clothing.

Haotian Wang led the research team. He is a biomolecular engineer at Rice University. He said in a statement that the results of the experiment were important because formic acid is a major carrier of energy. So, the substance can provide a way to reuse carbon dioxide and prevent it from being released into the atmosphere.

"It's a fuel-cell fuel that can generate electricity and emit carbon dioxide — which you can grab and recycle again," Wang said.

Other methods for turning carbon dioxide into formic acid require intense purification processes, Wang said. Such methods are very costly and require a lot of energy. The Rice University team said it was able to reduce the number of steps used in the traditional process to create a low-cost, energy-saving method.

The researchers reported the reactor device performed with a conversion rate of 42 percent. This means that nearly half of the electrical energy can be stored in formic acid as liquid fuel.

The team said the reactor "was able to create formic acid continuously for 100 hours with little degradation" of the device's parts.

Wang said the reactor could easily be changed to produce other high-value products, including alcohol-based fuels.

Nature Energy：『ネイチャー・エナジー』誌
reactor：リアクター、化学反応装置
convert：変換する
formic acid：ギ酸

antibacterial material：抗菌剤

biomolecular engineer：生体分子工学の技師

carrier of energy：エネルギーの輸送・貯蔵を行う化学物質。energy carrier ともいう。

fuel-cell fuel：燃料電池燃料
emit：放出する
grab：つかむ
recycle：リサイクル［再利用］する
purification：浄化
costly：費用が高くつく

conversion rate：変換率

degradation：劣化

その研究結果が最近、『ネイチャー・エナジー』誌に発表されました。

この研究チームは、二酸化炭素を高純度のギ酸に変換する「リアクター」（化学反応装置）を開発したのです。ギ酸はアリなどの昆虫や多くの植物に含まれる物質で、抗菌剤やある種の衣類の加工に使われます。

ハオティアン・ワン氏はこの研究の指導者で、ライス大学の生体分子工学技師です。ワン氏は、今回の実験結果が重要なのは、ギ酸はエネルギーの主要なキャリアだからだと述べています。したがって、この物質（ギ酸）は二酸化炭素の再利用方法を提供することができ、二酸化炭素が大気中に放出されるのを防ぐことができるのです。

「それは電気を作り出して二酸化炭素を放出する燃料電池燃料で、放出された二酸化炭素をとらえて、またリサイクルできる」とワン氏は語ります。

ワン氏によれば、二酸化炭素をギ酸に変える他の方法は強力な浄化工程を必要とします。そのような方法だと非常にコストがかかり、大量のエネルギーを必要とします。ライス大学の研究チームは、従来の方法における工程をいくつか省略して、低コストで省エネな方法を作り出すことができると述べました。

研究チームの報告では、このリアクターは 42 パーセントの変換率で稼働します。ということは、電気エネルギーの半分近くを液体燃料としてギ酸に貯蔵できるのです。

研究チームは、リアクターは「部品をほとんど劣化させることなく、100 時間連続してギ酸を作り出すことが可能だ」と述べています。

ワン氏は、このリアクターに簡単な変更を加えることによって、アルコール系燃料など、その他の価値ある生成物を作ることも可能だと言います。

part 2
繁栄

107

The researchers noted that the technology could also be a big help in solving another major energy problem — how to store large amounts of power in small places.

Wang said formic acid can be used as a better storage material for hydrogen, for example. Hydrogen is seen as a possible new energy source to power automobiles and trains. Hydrogen combines with oxygen to produce electrical power, and only releases water and steam into the atmosphere.

The researchers said their findings suggest formic acid "can hold nearly 1,000 times the energy as the same amount of hydrogen. Since hydrogen is difficult to shrink down and store, it currently presents "a big challenge for hydrogen fuel-cell cars," Wang said.

He added that the team plans to keep working to improve the process. The team also aims to reduce the cost in hopes of bringing the technology to places around the world to help fight climate change.

"The big picture is that carbon dioxide reduction is very important for its effect on global warming," Wang said. "If the electricity comes from renewable sources like the sun or wind, we can create a loop that turns carbon dioxide into something important without emitting more of it."

I'm Bryan Lynn.

研究チームは、この技術は別の大きなエネルギー問題、すなわち大量の電力を小さな場所にどのようにして蓄えるかを解決するために大きく役立つだろうと述べています。

ワン氏によればギ酸は、たとえば水素を貯蔵するための、より効果的な材料として利用できます。水素は自動車や電車を駆動するための新しいエネルギー源と考えられています。水素は酸素と結合して電力を発生し、大気中には水と蒸気だけを放出します。

hydrogen：水素

power：駆動する

研究チームは、今回の発見はギ酸が「同量の水素の約1,000倍のエネルギーを貯蔵できる」ことを示唆していると述べています。水素は圧縮して貯蔵するのが困難なので、それが現在のところ「液体水素燃料電池車の大きな課題」となっているとワン氏は言います。

hydrogen fuel-cell car：水素
燃料電池で動く自動車

彼のチームは引き続きこの処理工程を改善していくつもりだと、ワン氏はつけ加えました。チームはさらに気候変動対策に役立つために、この技術を世界中で使えるようにコスト削減も目指しています。

「大局的に見て、地球温暖化への影響を考えると二酸化炭素を削減することは非常に重要です」とワン氏は述べています。「電気が太陽熱や風力などの再生可能エネルギーから得られるなら、私たちは二酸化炭素を、これ以上放出することなしに、何か重要なものに変える回路を作り出すことができるのです」。

以上、ブライアン・リンがお伝えしました。

part
2

繁栄

包摂的かつ持続可能な経済成長及びすべての人々の完全かつ生産的な雇用と働きがいのある人間らしい雇用（ディーセント・ワーク）を促進する

Promote sustained, inclusive and sustainable economic growth, full and productive employment and decent work for all

　繁栄に関する目標の2番目に来るのは、経済成長と労働に関する目標です。日本ではコロナの流行により、経済については飲食店をはじめとした各種施設の営業が自粛・制限されたり、労働についてはリモートワーク導入をはじめとした DX [1] が進展したりなど、大きな出来事がいくつも起きました。

　日本では 2020 年に「『ビジネスと人権』に関する行動計画（2020-2025）」が策定されました。この行動計画では、ディーセント・ワーク（働きがいのある人間らしい仕事）や**人権デュー・ディリジェンス（human rights due diligence）**[2] の促進についての国家方針や企業努力への期待が示されており、国をあげてビジネス上の人権保護がより進められる見込みです。

8.5　2030 年までに、若者や障害者を含むすべての男性及び女性の、生産的な完全雇用及び**働きがいのある人間らしい仕事（decent work）**、ならびに**同一価値労働同一賃金（equal pay for work of equal value）**を達成する。

8.8　**移住労働者（migrant workers）**、特に女性の移住労働者や**不安定な雇用状態（precarious employment）**にある労働者など、すべての**労働者の権利（labour rights）**を保護し、安全・安心な労働環境を促進する。

（外務省作成の仮訳より一部変更して引用）

※1　デジタル・トランスフォーメーション（digital transformation）。ここではデータやデジタル技術を使った業務プロセスや組織体制の変革などを指す。もともとはウメオ大学のエリック・ストルターマン教授が 2004 年に提唱した「IT の浸透が人々の生活を豊かにする」という考え方。
※2　企業が事業活動にともなう人権侵害リスクを把握し、その予防や改善策を講じること。アメリカやイギリスなどでは、人権デュー・ディリジェンスの実施が法律で定められている。

働きがいは働く人々にとって、労働を続ける上での大事な要素となります。それを支える労働者の権利保護が、SDGs では重要とされています。

Photo: ozgurdonmaz/iStockphaoto

　世界的には、コロナの流行で起きた**不況（recession）**により**経済成長（economic growth）**が落ち込んだことと、それに伴う**失業率（unemployment rate）**※3 の著しい増加が大きな問題となっています。また感染封じ込めの措置により、世界労働人口の6割を占める**インフォーマルな労働者（informal workers）**、たとえば路上の露天商や靴磨き職人などが**生活に必要な収入（livelihoods）**を減少させていることも大きな問題となっています。このように、企業の労働者だけでなく、インフォーマルな労働者の保護も必要とされています。

　ディーセント・ワークの促進に向けた取り組みの中には、**非正規雇用労働者（non-regular employee）**の待遇改善や女性労働者の活躍推進といった興味を持ちやすいテーマが多くあるため、それに関する英語ニュースも理解しやすいのではないでしょうか。

ピックアップ テーマ を深掘るキーワード

経済と雇用の管理指標

real GDP per capita growth rate 実質経済成長率

unemployment 失業、失業率

労働状態を表す言葉

regular employment 正規雇用

non-regular employment 非正規雇用

modern slavery 現代奴隷（人身売買や強制労働、児童労働などを指す）

informal economy インフォーマル経済

decent work 人間らしい働きがいのある仕事

diversification 多様化、多角化

労働者の種類

full-time worker 常勤者、正社員

part-time worker パートタイム従業員

temporary worker 臨時従業員

young worker 若年労働者（対象年齢の範囲は国により異なる。日本では18歳から34歳の労働者）

migrant worker 移民労働者

informal worker 非公式労働者（社会保障の対象にならずに働く労働者）

child soldier 少年兵

essential worker エッセンシャルワーカー（医療従事者や物流業者など、社会生活を成り立たせるために必要な労働者）

※3　経済協力開発機構（OECD）が作成・公開している主要統計によれば、OECD 加盟国全体の失業率は 2020 年4月に先月の 5.5% から 8.8% に急増した。2021 年 4 月現在は 6.5% となっている。

What Happens When Women Run the Economy?

女性が経済を主導するとどうなるか

　目標8で求められる、経済の成長と人間らしい雇用の実現。この記事では、経済団体のトップに女性を置くことでそれらが達成できる可能性を示唆しています。女性をトップに置くことで、どのような変化が期待されるのでしょうか。

🔊 14

Women now have many of the jobs controlling the world's largest economy. And they are trying to fix it.

Treasury Secretary Janet Yellen, Commerce Secretary Gina Raimondo and U.S. Trade Representative Katherine Tai hold top positions in President Joe Biden's administration. Many of his economic advisers also are women.

This change may already be affecting economic policy. A new $2.3 trillion spending plan was introduced by Biden last week. It includes $400 billion to finance the "care economy," which supports home- and community-based jobs taking care of children and older people. This part of the economy involves work usually done by women and has largely been ignored for many years.

Biden's spending plan also includes hundreds of billions of dollars more to fix racial inequalities, as well as inequalities between rural Americans and those living in cities.

"In the end, it might be that this bill makes 80 years of history: it begins to fix the structural problems," Yellen wrote on Twitter. She added: "This is just the start for us."

https://learningenglish.voanews.com/a/what-happens-when-women-run-the-economy-/5843257.html

run：[運営・管理・指揮] する
economy：（社会・国家などの）経済
world's large economy：世界の経済大国
Treasury Secretary：財務長官
Commerce Secretary：商務長官
Trade Representative：通商代表
position：地位、役職
administration：政権
economic policy：経済政策
spending plan：支出計画、投資計画
finance：資金供給する
care economy：ケアエコノミー（育児・介護などケアワークに関する経済活動）
ignore：無視する、気づかないふりをする
racial inequality：人種間の不公平

in the end：最終的には
bill：法案
structural problem：構造的な問題

最近、世界最大規模の経済活動を管理する多くの仕事を女性が担当しています。そして、その女性たちは経済の立て直しに取り組んでいるのです。

ジャネット・イエレン財務長官、ジーナ・ライモンド商務長官、キャサリン・タイ通商代表はバイデン政権の主要閣僚です。バイデン大統領の経済アドバイザーの多くも女性です。

このような変化はすでにアメリカの経済政策に影響を与えているかもしれません。先週、バイデン大統領は総額 2 兆 3,000 億ドルの投資計画を新たに発表しました。そのうちの 4,000 億ドルは、自宅や地域社会で育児や高齢者の介護をする仕事を支援する「ケアエコノミー」のための資金です。この経済分野の仕事はたいてい女性によって行われ、長い間ほとんど見過ごされてきました。

バイデン政権の投資計画では、人種間の不公平及びアメリカの都市部と地方の住民間の不公平を是正するために、さらに数千億ドルが割り当てられています。

「最終的に、この法案は 80 年の歴史を作ることになるかもしれません。これによって構造的な問題の是正が始まるのですから」とイエレン財務長官はツイッターに投稿しています。「これは私たちにとってスタートにすぎません」。

Some experts say women leaders can bring a new way of examining economic policy.

"When you're different from the rest of the group, you often see things differently," said Rebecca Henderson. She is a professor at Harvard Business School and published a book called *Reimagining Capitalism in a World on Fire*.

"We're in a moment of enormous crisis. We need new ways of thinking," Henderson added.

Over the past 50 years, many women have been presidents or prime ministers of their countries. Few women, however, have been in positions to make powerful decisions about the economy.

Outside the United States, Christine Lagarde runs the European Central Bank with its 2.4 trillion euro balance sheet. Kristalina Georgieva is at the International Monetary Fund (IMF), while Ngozi Okonjo-Iweala leads the World Trade Organization. Ten years ago, all those jobs were held by men.

The limited measures available suggest that women have a better record of managing through crises.

"When women are involved, the evidence is very clear: communities are better, economies are better, the world is better," Georgieva said in January. She was speaking about research done by the IMF and other economic organizations.

専門家たちの中には、女性の主導者は経済政策を新たな方法で検討できると言う人たちもいます。

「組織の中で他のメンバーと違っている人は、しばしば物事を異なる視点から見ます」とレベッカ・ヘンダーソン氏は述べています。彼女はハーバードビジネススクールの教授で、『Reimagining Capitalism in a World on Fire（邦題：資本主義の再構築 公正で持続可能な世界をどう実現するか）』の著者です。

「私たちは今、極めて大きな危機の真っ只中にいるのです。新しい考え方が必要です」とヘンダーソン氏は述べています。

この 50 年の間に一国の大統領または首相となった女性はたくさんいます。しかし、国の経済問題について大きな決断を下す地位に就いた女性は数少ないです。

アメリカの外に目を向けると、クリスティーヌ・ラガルド総裁は 2 兆 4,000 億ユーロのバランスシートで欧州中央銀行（ECB）を運営しています。クリスタリナ・ゲオルギエバ氏は国際通貨基金（IMF）の専務理事で、ンゴジ・オコンジョ・イウェアラ氏は世界貿易機関（WTO）の事務局長です。 10 年前、このような役職にはすべて男性が就いていました。

利用可能な対策が限られている場合、女性のほうが危機管理においては優れていると言われています。

「女性を登用したときに、その証拠は非常にはっきりします。地域社会も経済も世界も、もっとよくなるのです」とゲオルギエバ氏は 1 月に述べています。これは彼女が IMF などの経済団体が実施した調査結果について報告していたときの発言でした。

Reimagining Capitalism in a World on Fire：邦訳は『資本主義の再構築 公正で持続可能な世界をどう実現するか』（日本経済新聞出版）
in a moment of：～のとき［時期］に

Christine Lagarde：クリスティーヌ・ラガルド氏。欧州中央銀行総裁
European Central Bank (ECB)：欧州中央銀行
Kristalina Georgieva：クリスタリナ・ゲオルギエバ氏。国際通貨基金専務理事
Ngozi Okonjo-Iweala：ンゴジ・オコンジョ・イウェアラ氏。世界貿易機関事務局長
limited measures available：利用可能な限られた対策
have a good record：成績がよい
manage through crises：危機を乗り越える

part 2 繁栄

Women make up less than 2 percent of chief executive officers at financial companies and agencies and less than 20 percent of executive board members. However, IMF research shows that having women in charge often helps keep financial organizations out of crisis.

It is also important to note that the worldwide recession from the coronavirus pandemic has affected women much harder than men.

Women make up 39 percent of workers worldwide, but they accounted for 54 percent of overall job losses, a recent study by McKinsey showed. Bringing these women back to work could increase gross domestic product (GDP) in many nations by up to 27 percent.

Tai is the first woman of color to lead the U.S. Trade Representative's office. She has told her employees to think about diversity and to reach out to long ignored parts of the country.

Okonjo-Iweala is also the first African to head the World Trade Organization (WTO). In 2019, the WTO managed trade of nearly $19 trillion.

"The lesson for us is (to) make sure… that we don't sink into business as usual," Okonjo-Iweala told Reuters. "It's about decent work for ordinary people," she said.

I'm Susan Shand.

chief executive officer：最高
経営責任者
executive board member：
取締役
in charge：管理して、担当して

note：注目する
worldwide recession：世界的な
不況

account for：〜の割合を占める
McKinsey：マッキンゼー（アメ
リカに本社を置くコンサルティング
会社）
Gross Domestic Product
(GDP)：国内総生産
U.S. Trade Representative：
アメリカの通商代表部
diversity：多様性、多様であること

trade：貿易（額）

lesson：教訓
sink into：沈み込む
decent work：ディーセント・ワ
ーク（人間らしい生活を継続的に営
める人間らしい労働条件の仕事。具
体的な労働条件としては労働時間、
賃金、休日、仕事の内容）

part 2

繁栄

女性は世界の金融企業・機関の最高経営責任者のお
よそ 2 パーセント未満、取締役のおよそ 20 パーセ
ント未満しか占めていません。しかし、IMF の調査
では、女性が責任者である場合、金融機関は危機に
陥らずにすむことが多いことがわかっています。

また、新型コロナウイルスの感染拡大による世界的
な不況は、男性よりも女性に大きな影響を与えてい
ることに注目することも大事です。

マッキンゼー社の最近の調査報告によると、女性は
世界の労働人口の 39 パーセントを占めていますが、
失業者全体の 54 パーセントも女性です。こうした
失業中の女性たちを仕事に復帰させると、多くの国
における国内総生産（GDP）が最大 27 パーセント
伸びると予測されています。

キャサリン・タイ氏は米国通商代表部を率いること
になった初めての有色人種の女性です。彼女は職員
たちに、多様性について考慮し、この国で長い間見
落とされてきた部分に働きかけるようにと教えてき
ました。

また、オコンジョ・イウェアラ氏は世界貿易機関
（WTO）の事務局長となった初めてのアフリカ系の
人です。 2019 年、WTO の貿易額はほぼ 19 兆ド
ルにまで成長しました。

「私たちにとっての教訓は、従来通りの仕事をしな
いようにすることです」とオコンジョ・イウェアラ
氏はロイターに語っています。「それは普通の人た
ちにとってまともな仕事をすることなのです」。

スーザン・シャンドがお伝えしました。

強靭（レジリエント）なインフラ構築、包摂的かつ持続可能な産業化の促進及びイノベーションの推進を図る

> ## Build resilient infrastructure, promote inclusive and sustainable industrialization and foster innovation

　SDGs の 9 番目に来るのは、経済成長のために必要となる各種インフラ構築やイノベーション推進に関する目標です。この目標に関連する取り組みとして、日本では Society5.0 実現に向けたスマートシティの推進、自治体保有のデータを活用した行政サービスの改善、地域住民や事業者へのサポート提供に向けた取り組みなどが行われています。

　SDSN レポートによれば日本は教育と同様この目標を達成しているとされていますが、国連の**世界知的所有権機関（World Intellectual Property Organization）**が発表した Global Innovation Index 2020[※1] では、起業のしやすさや教育への政府支出率、投資や ICT サービス輸出を含めた海外からの資金流入の多さに関する指標でそれぞれ 131 カ国中 60 位以下になるなど低いスコアを出しており、今後の改善が必要とされています。

9.4　2030 年までに、**資源利用効率（resource use efficiency）**の向上とクリーン技術及び**環境に配慮した（environmentally sound）**技術・産業プロセスの導入拡大を通じたインフラ改良や**産業改善（retrofit industries）**により、持続可能性を向上させる。すべての国々は各国の能力に応じた取組を行う。

9.5　2030 年までにイノベーションを促進させることや 100 万人当たりの**研究開発従事者数（research and development workers）**、及び**官民の研究開発支出（public and private research and development spending）**を大幅に増加させるなど、開発途上国をはじめとするすべての国々の産業セクターにおける科学研究のレベルを高め、技術能力を向上させる。

（外務省作成の仮訳より一部変更して引用）

※ 1　世界のイノベーション環境に関する調査レポート。その国の企業環境や教育環境、知的生産性などを 80 の指標で測り、ランク付を行っている。日本は起業のしやすさでは 82 位、教育への政府支出率では 93 位、ICT サービスの輸出では 99 位となっている（どれも 131 カ国中の順位）。

イノベーション実現のためには、研究開発への投資だけでなく、それに向けたインフラの構築が重要です。

Photo: metamorworks/iStockphaoto

　世界的にはコロナ流行により、サプライチェーンが停滞し製造業の成長が落ち込んだり、旅客の減少により航空業が大きな被害を受けたことが問題とされています。特に中小企業が多い製造業は経済成長の原動力と考えられているため、経済活性化のために金融サービスへのアクセス改善が必要とされています。また世界人口の約半分がまだインターネットに接続できないなど、情報インフラ面での課題も見られます。

　イノベーションの創出やそれを支えるインフラの構築は経済成長には不可欠ですが、一口にインフラといっても実際に該当するものは社会的なものから物理的なものまで、さまざまな種類のものが存在します。日本は主に社会や制度面に関するインフラ構築の課題が多いため、それと関連する英語ニュースは特に理解しやすいのではないでしょうか。

ピックアップ テーマ 🪏 を深掘るキーワード

科学・技術・産業の発展に関する指標

impact factor インパクト・ファクター（学術雑誌の影響度を表す指標）

citation index 引用索引（引用されている文献の数が多いほど、影響力の高い論文とみなされる）

Logistics Performance Index (LPI) 物流パフォーマンス指標（世界銀行が作成・公開している物流に関するパフォーマンスを表す指標）

科学技術の発展を支えるもの

resilient infrastructure レジリエントな（災害からの復旧が早い）インフラ

credit （金融における）信用

investment 投資

research and development 研究開発

tertiary graduates rate 第3期の教育（大学・専門学校など）からの卒業率

information and communications technology (ICT) 情報通信技術

mobile broadband モバイル広帯域回線

patent 特許

triadic patent families 三極パテントファミリー（欧州特許庁、日本国特許庁、米国特許商標庁のすべてに登録された特許）

科学技術産業に関する用語

value chains バリューチェーン（企業がサービスを提供するまでの一連の流れ）

manufacturing jobs 製造業

pharmaceutical industry 製薬産業

aviation industry 航空産業

artificial intelligence 人工知能

119

Experts: Colleges Should Invest More in Research

専門家が提言、大学は研究にもっと投資すべき

大学での研究開発はイノベーションをもたらすことも多いですが、それには巨額の研究開発費用が必要となります。この記事では、資金を巡る研究者たちの苦労が紹介されています。大学の資金不足は、研究者たちにどのような負担を強いるのでしょうか。

🔊 15

Vaccines. Popular sports drinks. Computers.

Each one of these subjects is different from the others. But all three have something in common: they were all invented by researchers working at a college or university.

Scientific invention and cultural exploration have been connected with higher education institutions for hundreds of years.

Victoria McGovern says this is because colleges and universities would be limiting themselves if they only taught existing knowledge. McGovern is a senior program officer with the Burroughs Wellcome Fund, an organization that supports medical research in the United States and Canada.

McGovern argues that the search for new knowledge is what leads to greater discoveries and better education.

https://learningenglish.voanews.com/
a/experts-suggest-more-support-for-
university-research/4233622.html

part
2

繁栄

subject：話題、テーマ

college：アメリカでは「多くの学部・研究科はなくて、大学院課程のない小さな大学」

university：アメリカでは「複数の学部・研究科から成り、大学院課程のある大きな大学」

scientific invention：科学的な発明

cultural exploration：文化研究

higher education institution：高等教育機関（アメリカの高等教育機関は公立大学、私立大学、リベラルアーツカレッジ、コミュニティーカレッジなどを指す）

Burroughs Wellcome Fund：バローズ・ウェルカム・ファンド（アメリカの非営利医学研究団体。生物医学研究や STEM 教育、科学者のキャリア開発に助成金を提供している）

medical research：医学分野の研究

education：（教育によって得られた）教養、学歴

ワクチン、人気のスポーツドリンク、コンピューター。

この3つの品目はいずれも他の二つと異なります。しかし、すべてに共通点があります。すなわち、この3つはすべて大学の研究者たちによって開発されたものだということです。

高等教育機関は、科学的な発明と文化研究に何百年にもわたって関わってきました。

ビクトリア・マクガバン氏によると、高等教育機関がそのような関わり方をするのは、既存の知識を教えるだけでは存在価値を自ら制限することになるからです。マクガバン氏はアメリカとカナダの医学研究を支援する団体バローズ・ウェルカム・ファンドの主任研究員です。

マクガバン氏は、新しい知識の探求はさらに偉大な発見と、さらに優れた教養へとつながっていくものだと述べています。

"It's a very good idea to connect the discovery of new things to the teaching of new students," she told VOA, "because you don't want people who come out of their education thinking that the world around them is full of solved problems. You want people to come out of an education excited about solving problems themselves."

But she notes that research costs money and most colleges and universities do not have a lot of extra money for that purpose. Most schools have limited budgets and many competing goals and needs.

So a big part of being a researcher at a college or university is asking for financial support from other places, McGovern says. Such places include private companies and organizations like hers, as well as local and national governments.

The National Institutes of Health, or NIH, is one example. The NIH is the main government agency in the U.S. that supports medical and public health research. The NIH provides about $32 billion a year for health research.

Researchers must apply for this financial support by writing a grant proposal explaining the goals and processes involved in their work. McGovern says the application process for grant money is highly competitive. It can be very difficult for some researchers, especially those who are not skilled at expressing themselves in writing.

"In day to day life, you get too busy… to think about the big picture," McGovern said. "How often do you, in your personal life, say 'Here's what I want to be doing exactly one year from now?' When you write a grant, that's what you're talking about."

「新しいものごとの発見と新しい学生たちの教育を結びつけるのはとてもよい考えです」マクガバン氏はVOAに語りました。「というのは、学生たちに周囲の世界は解決ずみの問題ばかりだと思って大学を卒業してほしくないからです。自分が問題解決に当たるという意気込みで大学を出ていってほしいのです」。

しかしマクガバン氏が指摘するように、研究には費用がかかり、ほとんどの大学には研究目的のために多くの予算が余分に用意されているわけではありません。ほとんどの大学にあるのは限られた予算、そして多くの競合する目的とニーズです。

limited budget：限られた予算
competing：競合する

part 2 繁栄

したがって、大学の研究者であることの大部分は、学外の組織に研究費の助成を求めることだとマクガバン氏は述べています。そのような組織には、たとえば民間企業やマクガバン氏自身が勤めているような団体、そして州政府体や連邦政府などがあります。

financial support：資金援助

National Institutes of Health (NIH)：（アメリカの）国立衛生研究所
medical and public health research：医学及び公衆衛生分野の研究

国立衛生研究所（NIH）はその一例です。NIHはアメリカの主要政府機関で、医学及び公衆衛生分野の研究を支援しています。NIHは医療研究に年間およそ320億ドルを資金提供しています。

apply for：〜に申請する
grant proposal：助成金申請書（助成金申請のための提案書）
involved in：〜に関わる
competitive：競争が激しい

研究者はNIHの助成金に申請するためには、自分の研究について、その目的と研究方法を説明した申請書を書く必要があります。マクガバン氏によると、助成金の申請は競争が非常に激しいので、研究者にとって、特に自分の考えを書面に表すのが得意でない研究者にとっては（申請書を書くのが）難しいかもしれません。

be not skilled at：〜が得意でない、苦手な
in day to day life：日々の生活の中で

「日々の生活の中では、忙しすぎて大局的に考えることができません」、マクガバン氏はそう説明しています。「プライベートな生活の中で、『今からちょうど一年後に、私はこういうことをしていたい』と考えることがどれくらいあるというのでしょうか。助成金申請書を書くときには、そのようなこと（一年後に何をしていたいか）を話しているのです」。

McGovern added: "It's hard for individuals, sometimes, to tell whether what they've written down is the best writing that they could have done."

Kristine Kulage argues that it is now more difficult than ever for university researchers to get funding. Kulage is the director of research and scholarly development at the Columbia University School of Nursing in New York City.

She has been working in university research for 20 years. She says that the grant application process has only gotten longer and more complex.

Kulage told VOA, "Researchers don't have time to conduct their research, write their grants and learn how to use all of these new systems through which they have to submit their grants."

She said in addition to all those responsibilities, researchers must make sure they are compliant with regulations.

"There are so many rules now… It takes individuals who are now trained as research administrators to know what those rules are… And know whether or not the rules are being followed," she said.

Kulage suggests that schools now must do more to support their researchers if they want to successfully earn grant money. Last November, she published a study of what happened when Columbia's School of Nursing chose to better support its researchers.

マクガバン氏はこうも指摘しました。「個人の場合は、書き終えたものが自分に書ける最高の申請書かどうか判断するのが難しいこともあるのです」。

クリスティーン・クラーギ氏は、最近は大学の研究者が助成金をもらうのがこれまでなくむずかしくなっていると述べています。クラーギ氏はニューヨーク市にあるコロンビア大学看護大学院の「奨学金と研究開発」事務局の局長です。

part 2 繁栄

クラーギ氏は大学の研究所で 20 年間仕事をしてきました。クラーギ氏は、助成金申請の手続きはますます時間がかかり、ますます複雑になるばかりだと述べています。

クラーギ氏は VOA の取材に応えて次のように語りました。「研究者たちには、自分の研究をして、助成金申請書を書き、さらに申請書を提出するために必要な、こうした新しいシステムすべての利用法まで学習する時間はありません」。

クラーギ氏によれば、このようなさまざまな責務に加えて、研究者たちは自分が規則に準拠しているかを確認しなければならないのです。

「最近は非常にたくさんの規則があります……（したがって）研究管理者として訓練を受けた人たちがそのような規則とは何かを知り……規則どおりに書いてあるかを確認する必要があります」

クラーギ氏は、大学は助成金を獲得したければ研究者を支援するためにもっと何かをすべきだと言います。昨年 11 月、クラーギ氏は「コロンビア大学看護大学院が研究者への支援を強化したらどうなったか」という調査報告書を出版しました。

---

research and scholarly development = Office of Scholarship and Research Development (OSR)：（コロンビア大学看護大学院の）奨学金と研究開発事務局
Columbia University School of Nursing：コロンビア大学看護大学院
grant application process：助成金申請手続き
complex：繁雑な、わかりにくい
submit：提出する
be compliant with：〜に準拠する
regulation：規則
research administrator：研究管理者

The report studied how, between 2012 and 2016, the school chose to invest $127,000 in the creation of a support system. This system includes employing administrators to complete necessary application documents, freeing researchers to spend more time on their research.

The system also provides a review process in which researchers go through several steps before they submit a grant proposal. First, researchers must write a short, clear description of the aims of their project. Researchers often have difficulty explaining their work to people with no special knowledge of the subject matter, Kulage said. So, Columbia administrators with no involvement in the research read the description and offer criticism.

Other researchers also review the description to offer their ideas about whether or not the goals of the research can be reached.

Finally, after changes are made to the proposal, administrators and other researchers meet with the grant writers. They then hold a review meeting similar to what the grant-writers will face once they have submitted their proposal.

Normally, the group offering the grant will meet with the proposal writers and ask them questions. They expect the writers to defend their proposal.

In this practice meeting, the grant writers get a chance to think about their project more and better prepare their defense of it.

この調査報告書には、2012 年から 2016 年まで、大学がサポートシステム（支援体制）を作るために 12 万 7,000 ドルを投資したことでどうなったが述べられています。このサポートシステムには、必要な申請書を完成させるために研究管理者を雇用して、研究者が自分の研究により多くの時間を費やすことができるようになることも含まれています。

また、このサポートシステムには「レビュープロセス」というものがあり、研究者は助成金申請書を提出する前にいくつかの段階を踏むことになっています。まず、研究者は自分の研究プロジェクトの目的について短くてわかりやすい説明書を書きます。研究者たちはしばしば、自分のやっていることを専門知識のない人に説明するのに苦労するとクラーギ氏は述べています。このように、コロンビア大学では研究に関わっていない研究管理人がその説明書を読んで批評するのです。

description：説明書

with no involvement in：～に
関わっていない

criticism：批評

他の研究者たちも説明書を入念に読んで、研究の目的が達成できるかどうかについて意見を述べます。

申請書に必要な変更がなされたら、最後に研究管理者と他の研究者たちが申請書の筆者と面談します。そのときレビューミーティング（批評会）を行うのですが、これは申請書の筆者が実際に申請書を提出したら受けることになる面接と同じようなものです。

普通、助成金を支給する団体は申請書の筆者を面接していろいろと質問します。そのとき筆者は自分の書いた申請書の内容を擁護することが求められます。

defend：弁護する、擁護する

この模擬面接は、助成金申請書の筆者にとって自分の研究プロジェクトについてもっとよく考え、その擁護のためにもっとよく準備するためのよい機会となります。

defense：擁護

part
2

繁栄

Kulage says the efforts of Columbia's Schools of Nursing had clear results. Over the five years studied, the proposals that went through the review process were about twice as likely to be accepted as those that did not. The Columbia School of Nursing's investment of $127,000 led to $3 million in grant funding.

McGovern and Kulage both agree that applying for research funding alone is very difficult. So, even having one other person read a proposal and give their opinions can be very important to its success.

Kulage admits that large companies carry out a lot of research and development. But their research usually relates to success in their industry. University researchers are different. They have the freedom to take risks on possibly unpopular ideas.

Those risks can often lead to important discoveries that colleges and universities have a responsibility to share with the world, she says.

I'm Pete Musto. And I'm Susan Shand.

クラーギ氏は、コロンビア大学看護大学院の支援対策は明らかに成果を上げたと述べています。調査した 5 年間にレビュープロセスを経た申請書は、そうでない申請書の約 2 倍ほど承認されることになったようです。コロンビア大学看護大学院の 12 万 7,000 ドルの投資は、助成金 300 万ドル獲得へとつながったのです。

マクガバン氏もクラーギ氏も、研究助成金を一人で申請するのは非常に難しいということでは同意見です。したがって、せめて別の誰か一人に申請書を読んでもらって意見を言ってもらうことは、申請がうまくいくためにはとても重要なのです。

relate to：〜と関係がある

take a risk：リスク［危険］を冒す
unpopular idea：人気のない
アイデア［着想・構想］

クラーギ氏が認めるように、大企業も多くの研究や開発を行っています。しかし、企業の研究はたいてい業界における成功を意図したものです。大学の研究者たちは違います。彼らには、もしかしたら人気のないアイデアのためにリスクを冒すという自由があるのです。

そのようなリスクが、大学が責任を持って社会と共有する重要な発見につながるのはよくあることだとクラーギ氏は語りました。

ピート・ムストとスーザン・シャンドがお伝えしました。

part 2 繁栄

各国内及び各国間の不平等を是正する

Reduce inequality within and among countries

SDGsの10番目に来るのは、さまざまな**不平等（inequality）**の是正に関する目標です。ジェンダー平等の目標が主に女性の直面する不平等是正を目指すのに対し、この目標ではより広い範囲の人々が直面している不平等、主に経済的な不平等の是正を目標としています。

不平等の度合いを経済的に測る指標には、その国全体の**所得格差（income inequality）**を表す**ジニ係数（Gini coefficient）**[※1]や**パルマ比率（Palma ratio）**、またその国の文化水準や生活水準以下で生活していると思われる人の多さを表す**相対的貧困率（relative poverty rate）**などがあり、SDSNのレポートによれば日本はこれらの指標についてさらなる改善が必要とされています。

また、是正の対象となる不平等には社会的・制度的なものも含まれています。コロナの流行はその影響で職を失った人を増やしただけでなく、医療従事者や感染者への**差別（discrimination）**や**偏見（prejudice）**も生んでおり、官民それぞれで差別解消に向けた取り組みが進められています。また外国からの**移民労働者（migrant worker）**の権利保護にも大きな課題を抱えている状態です。

10.2 2030年までに、年齢、性別、**障害（disability）**、**人種（race）**、**民族（ethnicity）**、**出自（origin）**、**宗教（religion）**、あるいは**経済的地位（economic status）**その他の状況に関わりなく、すべての人々のエンパワーメント及び社会的、経済的及び政治的な**包含（inclusion）**を促進する。

10.4 税制、**賃金（wage）**、**社会保障政策（social protection）**をはじめとする政策を導入し、平等の拡大を**漸進的に達成（progressively achieve）**する。

10.7 計画に基づき良く管理された**移住政策（migration policies）**の実施などを通じて、**秩序のとれた、安全で規則的かつ責任ある移住や流動性（orderly, safe, regular and responsible migration and mobility）**を促進する。

（外務省作成の仮訳より一部変更して引用）

※1 0〜1で格差の度合いが示され、1に近いほど格差が広がっている。0.4以上では社会の不安定化が危惧される。厚生労働省「所得再分配調査報告書」によれば2017年現在、税金や社会保障費などの再配分を考慮したジニ係数は0.37。

所得格差はさまざまな不満をもたらします。豊かな社会の実現のためには、こういった格差・不平等をなくしていくことが重要です。

Photo: CatherineL-Prod/iStockphaoto

　世界的には所得の格差が縮小しつつあり、また多くの国が貧しい国へ**貿易優遇措置（preferential trade treatment）**を適用するなど、不平等の解消が進んでいました。しかしコロナの影響で、再び国内格差が増加し、また **ODA（Official Development Assistance: 政府開発援助）**の減少が見込まれています。

　経済的不平等に関するニュースには、ODA や **GDP（Gross Domestic Product: 国内総生産）**といった日本のニュースでもよく聞く単語が頻出します。経済的な不平等解消にあたってはさまざまな指標をもとに多様な施策の意思決定が行われます。そのため、関連した用語を覚えておくことで、さまざまな国の経済対策に関する英語ニュースがよく理解できるようになるでしょう。

ピックアップ　テーマ を深掘るキーワード

所得格差に関する管理指標

Gini coefficient ジニ係数（所得格差を表す指標の一つで、0から1の値をとる。0.4以上は社会不安定化の危険があるとされる）

Palma ratio パルマ率（所得格差を表す指標の一つ。ジニ係数とは算出方法が異なる）

The labour share 労働分配率（企業が生み出した付加価値の労働者への還元率）

household income(consumption) 家計所得（消費）

格差や差別に関する用語

income inequality 所得格差

discriminatory practices 差別的な慣習

stigma 烙印、汚名

disabilities 障害

格差・差別に苦しむ集団

the poorest countries 最貧国

lower-income countries 低所得国

least developed countries (LDCs) 後発開発途上国（開発途上国の中でも特に開発が遅れている国々）

the poorest 最貧困層

employee 労働者

self-employed 自営業者

格差・差別を無くすために

inclusion 包摂（さまざまな立場にある人を、多様性を認めた上で社会の一員として受け入れることを指す）

social protection 社会保障

financial institution 金融制度（機関）

migration policies 移民政策

transaction costs of migrant remittances 移住労働者の送金コスト

remittance corridors 送金経路

Report: Eight Men Control as Much Wealth as Half the World's Population

8人が世界の富の半分を支配する

所得格差は改善されるべき不平等の一つとされています。この記事では所得格差の中でもよく話題になる富の集中について、各機関が作成したレポートを元に、その現状や対策、富の集中により生まれる問題を論じています。

🔊 16

A new report from a British anti-poverty organization says eight men own as much wealth as the poorest 3.6 billion people in the world.

The eight men include Microsoft's Bill Gates and former New York City mayor Michael Bloomberg.

Oxfam International released the report on Monday. Oxfam is a group of international organizations that seek to fight poverty around the world.

The group warned that public anger over inequality might cause more political changes. Examples of such changes, Oxfam said, include the election of Donald Trump as U.S. president and Britain's vote to withdraw from the E.U.

The report appears as international political and business leaders meet at the World Economic Forum in Davos, Switzerland. This yearly event gathers leaders, experts and activists to discuss important international issues.

https://learningenglish.voanews.com/a/eight-men-worth-as-much-as-half-global-population/3678656.html

anti-poverty：反貧困

former：前の、元の
mayor：知事

Oxfam：オックスファム（貧困と不正を根絶するための持続的な支援・活動を90カ国以上で展開している団体）

warn：〜を警告する
inequality：不平等
cause：〜の原因となる

vote：投票の結果
withdraw：脱退する

activist：活動家

イギリスの反貧困団体の報告によると、世界中の最も貧しい人々36億人分と同じだけの富を8人の人物が握っているとのことです。

8人の人物には、マイクロソフトのビル・ゲイツと前ニューヨーク市長マイケル・ブルームバーグも含まれています。

オックスファム・インターナショナルが月曜日にこの報告を発表しました。オックスファムは、世界の貧困と戦うための国際機関のグループです。

オックスファムは、不平等に対する大衆の怒りが、さらなる政治的変動をもたらすかもしれないと警告しました。オックスファムはこうした変動の例として、ドナルド・トランプの合衆国大統領への当選と、イギリスの国民投票によるEUからの脱退をあげます。

この報告書は、国際的な政治・経済のリーダーたちがスイスのダボスで開かれた世界経済フォーラムに集まっている間に発表されます。この年に一度のフォーラムには、リーダーや専門家、運動家が、重要な国際問題について論議するために集まります。

Oxfam released a similar report last year. That report suggested 62 people owned as much wealth as half the world's population. The activist group says new information from Swiss bank Credit Suisse and *Forbes* magazine shows that fewer people hold more of the wealth.

Forbes lists Bill Gates as the wealthiest individual. The magazine says he is worth about $75 billion.

Following Gates on the list are Amancio Ortega of the Spanish clothing company Inditex and American businessman Warren Buffett. Also among the eight are Mexican businessman Carlos Slim Helu and Amazon head Jeff Bezos. They are followed by Facebook's Mark Zuckerberg, Oracle co-founder Larry Ellison and former New York City mayor and media businessman Michael Bloomberg.

Winnie Byanyima is the executive director of Oxfam International. She will be attending the World Economic Forum meetings in Switzerland. She hopes to discuss the problems inequality causes with world leaders.

"It is obscene for so much wealth to be in the hands of so few people when 1 in 10 people live on less than $2 a day," Byanyima told the Associated Press. "Inequality is trapping hundreds of millions in poverty; it is fracturing our societies and undermining democracy."

Oxfam offered possible solutions to economic inequality in its report. These include higher taxes on wealth and income to pay for more public services. The group also calls on business leaders to pay their share of taxes.

own：～を所有している

co-founder：共同創立者

attend：～に出席する

inequality：不平等
cause：～の原因となる

obscene：許しがたい、公序良俗に反する

trap：～を陥れる
fracture：～を壊す・折る
undermine：～を徐々に（密かに）むしばむ
offer：～を提供する・申し出る

call on：～に求める
share：割り当て

オックスファムは、昨年も同様の報告書を発表しました。その報告書では、世界人口の半分を占める人々と同じだけの富を 62 人が握っていると述べました。運動家のグループは、スイスの銀行クレディ・スイスとフォーブス誌の情報によれば、もっと少数の人々によってもっと多くの富が握られていると述べています。

フォーブス誌はビル・ゲイツを最も裕福な人物にあげています。同誌によれば、彼の資産は 750 億ドルです。

リストにはゲイツに続いて、スペインの衣料会社インディテクスのアマンシオ・オルテガとアメリカ人企業家のウォーレン・バフェットがあげられています。また、8 人の中には、メキシコ人企業家のカルロス・スリム・ヘルとアマゾンの経営者ジェフ・ベゾスもいます。これらの人々に続くのは、フェイスブックのマーク・ザッカーバーグ、オラクルの共同創立者ラリー・エリソン、そして前ニューヨーク市長でメディア企業家のマイケル・ブルームバーグです。

ウィニー・ビヤニマはオックスファム・インターナショナルのエグゼクティブ・ディレクターです。彼女は、スイスで開かれる世界経済フォーラムに出席します。彼女は、不平等がもたらす諸問題について世界のリーダーたちと話し合うことを望んでいます。

「10 人に 1 人が一日 2 ドル未満で生活している一方で、これほどの富がたったこれだけの人たちの手にあるというのは、許しがたいことです」と、ビヤニマは AP 通信に語りました。「不平等は、何十億の人々を貧困に陥らせています。それは社会を分断し、民主主義を傷つけています」。

オックスファムは、経済的不平等に対してなし得る解決策を報告書の中で提案しました。提案の中には、より多くの公共サービスを実現するために、富と所得に対してより高い税金を課すことが含まれています。オックスファムは、ビジネスリーダーたちに対して税金の割り当て分を払うことを求めてもいます。

In addition, Oxfam calls for stronger agreements between governments on fair pay for workers.

Max Lawson is the head of policy for Oxfam. He urged extremely rich people to, in his words, "do the right thing."

"We have a situation where billionaires are paying less tax often than their cleaner, or their secretary" Lawson told the Associated Press. "That's crazy."

Last year, the release of financial documents known as the "Panama Papers" showed how some wealthy people avoid paying taxes. The leaked documents were a collection of information about secret bank accounts some wealthy people used to hide their wealth.

On Monday, another report warned that income inequality has led to a decrease in trust in governments and other institutions.

Edelman is one of the world's biggest marketing companies. The company studied the opinions of 33,000 people from 28 different international markets before the start of this years' World Economic Forum.

Edelman said its study found the largest drop of trust in government, business, media and non-governmental organizations yet. The company has reported on its trust and credibility survey for 16 years.

Trust of chief executive officers of companies is at an all-time low, according to Edelman. The report added that government leaders are the least trusted group.

I'm Dorothy Gundy.

語句	本文訳
in addition：その上、さらに **call for**：〜を必要とする	さらにオックスファムは、労働者への公正な賃金支払いについての政府間の、より強い合意も求めています。
urge：〜に（…するよう）促す **extremely**：極度に	マックス・ローソンはオックスファムの政策担当責任者です。ローソンは大富豪の人々に対して、彼の言葉で言う「正しきことを行う」よう強く主張します。
billionair:億万長者（billion は「10 億」）	「億万長者がしばしば、自分たちの掃除人や秘書よりも少ない税金しか払っていないという状況があります」と、ローソンは AP 通信に述べました。「こんなことは馬鹿げています」。
avoid：〜を避ける	昨年、「パナマ文書」として知られる財務文書が、いかに富裕層が税金の支払いを逃れているかを明らかにしました。この漏洩した文書は、富裕層が自らの富を隠すために使用した秘密の銀行口座についての情報を集めたものです。
institution：組織、機構	月曜日に、収入の不平等が政府や他の機関への信頼を低下させたことを、もう一つの報告書が警告しました。
	エデルマンは世界最大のマーケティング会社の一つです。この会社は、今年の世界経済フォーラムが始まる前に、28 の異なった国際市場の 3 万 3,000 人に意見を調査しました。
organization：組織、団体 **credibility**：信頼性、信用 **survey**：調査	エデルマンによると、この調査によって政府、企業、メディア、そして非政府機関に至るまで、信頼が大きく下落していることがわかったということです。エデルマンは、信用と信頼性についての調査を 16 年にわたって報告しています。
chief executive officer：最高経営責任者、CEO	エデルマンによれば、会社の最高経営責任者への信頼は、これまでで最低です。報告書はまた、政府のリーダーたちは最も信頼されていないグループだとも述べています。
	ドロシー・ガンディがお伝えしました。

part **2** 繁栄

US Educators Re-examine How Black History Is Taught in Schools

アメリカの教育者たちが再検討 「黒人の歴史」を学校でどう教えるか

差別を無くすには、教育が果たす役割も重要です。この記事では、アメリカのタルサで起きた事件をどう教えるべきかという議論が展開されています。過去に起きた差別的な事件を、後世にどのように伝えればよいのでしょうか。

🔊》 17

For years, Americans talked little about the killing of hundreds of people in Tulsa, Oklahoma, nearly a century ago. When they did talk about the violent incident they called it the Tulsa race riot.

The incident happened over a period of 16 hours, from May 31 to June 1, 1921. It took place in a part of Tulsa where Black Americans operated successful businesses. Mobs of white people attacked Black locals and businesses in an area known as "Black Wall Street."

An estimated 300 people died. Hundreds more were injured, and thousands were left homeless. Black Wall Street was destroyed.

Under new rules developed by teachers, Oklahoma students are urged to consider the differences between calling the incident a "riot" and a "massacre" — the violent killing of many people. Yet Oklahoma's state laws use the word riot when describing the violence.

US Educators Re-examine How Black History Is Taught in Schools

https://learningenglish.voanews.com/
a/us-educators-re-examine-how-black-
history-is-taught-in-schools/5469760.
html

part
2

繁栄

re-examine：再検討［評価］する
Tulsa, Oklahoma：オクラホマ州
タルサ市
violent incident：暴力事件
race riot：人種暴動

mob：暴徒
local：地元住民
business：会社、企業、商店など

estimated：推定の、およそ
injured：負傷した、けがをした

massacre：（無防備な人々の）
大量虐殺

オクラホマ州タルサ市で何百人もの人が殺害された約1世紀前の事件が、アメリカ人の口に上ることは長年にわたってほとんどありませんでした。たとえ事件の話題になったとしても、それは「タルサ人種暴動」と呼ばれました。

この事件は1921年5月31日から6月1日にかけて16時間の間に発生しました。それは黒人たちが盛んに事業を営むタルサのある地域で起こったのです。白人の暴徒が「ブラック・ウォール街」と呼ばれていた地域の黒人住民や商業施設を攻撃したのです。

およそ300人が死亡、何百人もが負傷し、何千人もの人が家を失いました。「ブラック・ウォール街」は破壊されたのです。

教師たちにより作られた新しい学習指導要領に基づき、オクラホマ州の生徒たちはこの事件を「暴動」と呼ぶことと「虐殺」（多くの人が暴力行為によって殺されること）と呼ぶことの違いを考えるように指導されています。しかしオクラホマ州法でこの暴力事件について述べるときには、未だに「暴動」という言葉が使われています。

The state's new education guidelines are taking effect as a national discussion on racial injustice brings attention to how Black history is taught in schools.

There is no national set of rules on how to teach Black history in the United States. A small number of states have laws requiring that the subject be taught in public schools. Each state sets its own education requirements. History classes often make note of slavery, the rise of Jim Crow laws and the civil rights movement.

Some experts and educators say Black history lessons spend too much time telling about violence and suffering, instead of the systemic parts of racism and white supremacy. But others say past unrest and injustices are not explained enough.

In Texas, the Board of Education recently approved a class on African American studies for high school students. A University of Texas professor involved in developing the course, Kevin Cokley, said his college students say they were taught a sanitized version of Black history in high school.

"Most of my students indicate they did not learn the specifics of slavery that I provide them in my course," said Cokley. "Oftentimes they are shocked and angered to find they were not taught the information I am sharing with them."

education guideline：学習指導要領

take effect：功を奏する、効果が出始める

racial injustice：人種的不公平

make note of：〜に言及する

slavery：奴隷制（度）

rise：発生、始まり

Jim Crow laws：ジムクロウ法（1876年から1964年にかけて存在した、人種差別的内容を含むアメリカ南部諸州の州法の総称）

civil rights movement：公民権運動

systemic：組織的な、構造的な

racism：人種差別（政策）

white supremacy：白人至上主義

unrest：混乱

injustice：不正［不当］行為

Board of Education：教育委員会

sanitized：消毒した、（不快のもとを取り除いて話の内容などを）和らげた

indicate：示す

specific：詳細

oftentimes = often：しばしば

share：分かち合う、教える

オクラホマ州の新しい学習指導要領が効果をあげると同時に、人種的な不公平についての全米の議論により「黒人の歴史」が学校でどのように教えられているかに注目が集まっています。

アメリカには「黒人の歴史」をどのように教えるかについて国が定めた規定はありません。少数の州が、この科目を公立学校で教えるように教育法で定めています。各州はそれぞれに必修科目を定めていて、歴史の授業では奴隷制やジムクロウ法の成立、公民権運動についてよく言及されます。

専門家や教育者の中には、「黒人の歴史」の授業では暴力や苦難について述べることに多くの時間を費やし、人種差別や白人至上主義など構造的な局面については触れられていないと言う人たちがいます。その一方で、過去の社会不安や不正行為について十分に説明されていないという人たちもいます。

テキサス州では最近、教育委員会が高校生に「アフリカ系アメリカ人研究」の授業を行うことを認可しました。このコース開発に関わったテキサス大学のケビン・コクリー教授は、彼が大学で教えている学生たちは消毒済みの「黒人の歴史」を高校で教えられたと言っていると語ります。

「私の学生のほとんどが、私が授業で教えている奴隷制については詳しく教わらなかったと言っています」とコクリー教授は語ります。「学生たちは、私が教えているような情報を教えられなかったことに気づくと、ショックを受けたり腹を立てたりすることが多いです」。

part 2

繁栄

Oklahoma schools have been required to teach about the 1921 Tulsa massacre since 2002.

The massacre largely was not discussed in Oklahoma until a group was formed in 1997 to investigate the violence. The group is led by Kevin Matthews, a state senator from Tulsa and a member of the Democratic Party. Matthews said the new teaching rules have not faced opposition. But he noted that some people have said they would rather leave the massacre in the past.

"Older people called me and said, 'Why do you want to bring this back up, this dirty secret?'" he said.

Matthews said his grandmother was a young girl in Tulsa during the massacre, but she never told him about the violence. He learned about it as an adult from his grandmother's brother.

"It was like a movie," Matthews said. "I couldn't believe it happened here."

Tulsa massacre：タルサ虐殺
（タルサ人種虐殺、タルサ黒人虐殺とも）

largely not：ほとんど～ない
investigate：調査する

state senator：州議会の上院議員
Democratic Party：民主党

leave something in the
past：（過去の出来事を）過去に
置いておく、寝た子を起こすな
dirty secret：恥ずべき秘密［事実］、
（隠しておくべき）外聞の悪い事柄

オクラホマ州の学校では 2002 年以降、1921 年の「タルサ虐殺」について教えることは必須となっています。

虐殺事件については、1997 年にこの暴力事件に関する調査団体が結成されるまで、オクラホマ州で議論されることはほとんどありませんでした。この団体はタルサ出身で民主党のケヴィン・マシューズ州議会上院議員が指導しています。マシューズ氏は、新しい学習指導要領に反対する声はないと言います。しかし、一部の人たちはこの虐殺事件はむしろそのまま過去に葬っておくほうがよいと言っているとも述べました。

「年配の人たちに電話で、『なぜ君はこれを、この恥ずべき事実を掘り起こそうとするのか』と言われました」と彼は語っています。

虐殺事件の発生時、マシューズ氏の祖母はまだ若く、タルサに住んでいたのですが、彼女が彼にこの暴動について話したことはなかったそうです。彼は大人になってから祖母の兄弟にそのことを教えられたのでした。

「まるで映画のようでした」とマシューズ氏は述べています。「この町で起こったなんて信じられませんでした」。

part 2 繁栄

LaGarrett King is director of the Carter Center for K-12 Black History Education at the University of Missouri. He says he believes there is too much attention being placed on violence in Black history lessons.

King provided training last year for 300 educators who are interested in teaching Black history. He expects an online training program this summer to have more attendees than usual. That, he says, makes him hopeful.

But he notes that history still needs to be presented differently. For example, he said, the country as a whole does not recognize "Juneteenth" as a holiday. June 19 marks the day in 1865 that the last enslaved black Americans learned they had been freed.

"White people don't acknowledge Juneteenth, but yet we're supposed to be a country that believes in freedom," King said. "We have been taught July 4, 1776, is the real Independence Day, but it's not. The vast majority of black people were still enslaved."

Lawrence Paska is executive director of the National Council for the Social Studies. He said schools should be preparing to help students work through questions about discrimination, protests and racial violence when they return three months from now.

"Do we have a curriculum that is responsive to the needs and experiences of the students we have now?" Paska said. "That is an important question schools need to be asking."

I'm Ashley Thompson.

Carter Center for K-12 Black History Education：ミズーリ大学コロンビア校に設置された、黒人の歴史の教育に関する研究機関。黒人の歴史についての教育カリキュラムや、教師の能力開発プログラムを提供している。なお、K-12は幼稚園から高校を卒業するまでの教育期間を指す。

attendee：参加者

present：示す、報告する
Juneteenth：ジューンティーンス。June（6月）とNineteenth（19日）の混成語。奴隷解放を受け入れた最後の州テキサスで奴隷解放宣言が読み上げられた日を指し、多くのアフリカ系市民がこの日を祝っている。

mark：記念する
enslaved black American：奴隷にされた黒人アメリカ人
acknowledge：認める
vast majority：圧倒的多数

National Council for the Social Studies：全米社会科協議会
discrimination：差別
protest：抗議活動
racial violence：人種間の抗争、暴力
curriculum：カリキュラム、教育課程
responsive to：に対応した

ラギャレット・キング氏はミズーリ大学の Carter Center for K-12 Black History Education のディレクターです。彼は、「黒人の歴史」の授業では暴力行為にばかり注意が向けられていると思うと言います。

キング氏は昨年、「黒人の歴史」を教えることに関心のある教育者300人に研修を行いました。今年の夏、オンラインの研修プログラムに参加する人は例年よりも多いだろうと彼は期待しています。そうなれば希望が持てると彼は言います。

しかしキング氏は、歴史は違う形で教えられる必要がまだあると指摘します。たとえば、この国全体が「ジューンティーンス」を祭日として認めているわけではありません。6月19日は、1865年に最後まで奴隷であった黒人たちが解放されたことを知った日を記念しているのです。

「白人はジューンティーンスを認めていませんが、それでもこの国は自由を信条とする国だと思われています」とキング氏は語ります。「私たちは1776年7月4日が本当の独立記念日だと教えられてきましたが、そうではありません。黒人の大多数はまだ奴隷のままだったのです」。

ローレンス・パスカ氏は全米社会科協議会の事務局長です。彼は、（夏休みが終わって）3カ月後に生徒たちが戻ってきたとき、学校は人種差別や抗議活動、人種間の抗争の問題を生徒たちがしっかり学習できるように今準備をしておくべきだと言います。

「今、私たちが教えている生徒たちのニーズと経験に対応したカリキュラムが用意してありますか？」とパスカ氏は語りました。「それが、学校関係者が自問すべき重要な問いなのです」。

アシュリー・トンプソンがお伝えしました。

part 2
繁栄

包摂的で安全かつ**強靭（レジリエント）**で持続可能な**都市及び人間居住を実現**する

Make cities and human settlements inclusive, safe, resilient and sustainable

　SDGs の 11 番目はまちづくりに関する目標です。日本でまちづくりと言うと地域の活性化が思い浮かぶのではないでしょうか。それに加えて、**公共交通機関（public transport）**の拡大や自然災害・大気汚染対策といったものも目標 11 の中に含まれます。

　日本では昔から自然災害が多いことから災害対策が進んでいる一方、近年では地方の公共交通機関の維持が大きな課題となっています。過疎化の進行やコロナの流行で利用者が減少し、ほとんどの事業者で収支が赤字となっています[※1]。

　また大気汚染については、**PM2.5（Particulate Matter 2.5: 微小粒子状物質）**による健康被害が気になる方も多いのではないでしょうか。コロナ対策でのロックダウンで緩和されたものの、経済の再活性化により大気汚染の再拡大が心配されます。

11.2　2030 年までに、脆弱な立場にある人々、女性、子ども、障害者及び高齢者のニーズに特に配慮し、公共交通機関の拡大などを通じた交通の安全性改善により、すべての人々に、**安全かつ安価で容易に利用できる、持続可能な輸送システム（safe, affordable, accessible and sustainable transport systems）**へのアクセスを提供する。

11.5　2030 年までに、貧困層及び脆弱な立場にある人々の保護に焦点をあてながら、**水関連災害（water-related disasters）**などの災害による死者や被災者数を大幅に減少させ、直接的経済損失を世界の国内総生産比で大幅に減らす。

11.6　2030 年までに、**大気の質及び一般廃棄物、並びにその他の廃棄物の管理（air quality and municipal and other waste management）**に特別な注意を払うことも含め、都市における一人あたりの環境上の悪影響を軽減する。

（外務省作成の仮訳より一部変更して引用）

※ 1　国土交通省が調査・公開した乗合バス事業の収支状況によれば、2019 年現在大都市以外のバス事業者の約 90% が赤字となっている。

自然災害の多い日本では、災害対策を意識したまちづくりが重要です。また公共交通網の普及・発達は日常生活での利便性に直結します。

Photo: gorodenkoff/iStockphaoto

　世界的に見ると、**スラム (slum)** に住む人たちの増加[※2] が大きな問題となっています。特にコロナの流行は、スラム居住者に大きな被害を与えています。コロナ感染者の 90% 以上が都市部で発生したこともあり、公衆衛生を向上させるために**都市計画（urban planning）**の見直しが各国で進んでいます。

　自分たちが住むまちがどのように作られるかは、災害へのレジリエンスや公共交通機関の利便性だけに留まらず、私たち一人一人の健康に関わる問題です。その点を念頭に置けば、世界各都市の取り組みに関する英語のニュースもより理解しやすくなるのではないでしょうか。

ピックアップ　テーマ 🔨 を深掘るキーワード

都市で起きる問題

urban sprawl スプロール現象（無計画な都市開発により適切な運輸手段や良好な住環境が欠如する現象）

slums スラム（都市部の貧民層居住地域）

densely 密

air pollution 大気汚染

particulate matter 粒子状物質

Particulate Matter 2.5 (PM2.5) 微小粒子状物質（直径 2.5 μm 以下の大気汚染物質）

Suspended Particulate Matter (SPM) 浮遊粒子状物質（PM2.5 以前に対策が取られていた、直径 10 μm 以下の大気汚染物質）

まちづくりに関する用語

urban planning 都市計画

urban dweller 都会に住む人

peri-urban 都市周辺部

settlements 住居

open public spaces 開かれた公共空間

participatory 参加可能な

public transportation 公共交通機関

public health 公衆衛生

resilient レジリエント（災害からの復興に強い）

※2　国連人間居住計画（UN-Habitat）が作成・公開しているデータセットによれば、都市人口のうちスラム居住者数の割合は 2014 年には 23%、2016 年には 23.5%、2018 年には 24% と推移している。

WHO: 80% of Urban Residents Breathe Unsafe Air

世界保健機関（WHO）の調査報告：都市住民の
80％が有害な空気を吸っている

大気汚染は健康に害をもたらす要因の一つです。この記事では大気汚染の改善には都市レベルでの取り組みが必要なことと、その具体例が述べられています。大気汚染を改善するには、どのような取り組みが必要なのでしょうか。

🔊 18

From VOA Learning English, this is the Health & Lifestyle report.

A new study finds that more than 80 percent of people living in cities are breathing unsafe air.

The World Health Organization study on urban air quality says those most affected live in the world's poorest cities. The study finds urban air pollution has nearly doubled in 3,000 cities over the past two years. The cities are in 103 countries.

The study also shows that almost all cities with populations over 100,000, and in developing countries, have air pollution levels that do not meet WHO guidelines.

The WHO warns that as air quality worsens the risk increases for many diseases. These include stroke, heart disease, lung cancer, and breathing diseases such as asthma. Poor air quality is also responsible for an estimated seven million premature deaths every year.

https://learningenglish.voanews.com/a/urban-residents-breathe-unsafe-air/3347253.html

WHO (World Health Organization)：世界保健機関（人間の健康を基本的人権の一つととらえ、その達成を目的として設立された国連の専門機関）
urban residents：都市部の住民

urban air quality：都市の大気質

air pollution：大気汚染、大気汚染物質

meet：（条件）を満たす
guidelines：指針

warn：警告する
worsen：悪化する
stroke：脳卒中
asthma：喘息
premature death：早死

これは VOA Learning English がお届けする「健康とライフスタイル」レポートです。

最近発表された調査報告によると、都市部に住む人たちの80パーセント以上が有害な空気を吸っています。

世界保健機関（WHO）が実施した都市部における大気質についての調査から、最も影響を受けているのは世界の最も貧しい都市に住んでいる人たちだとわかりました。この調査によると、世界 3,000 都市の大気汚染は過去 2 年間にほぼ 2 倍になっています。そのような都市は世界 103 カ国にあります。

また今回の調査で、人口 が 10 万人以上で発展途上国にある都市のほぼすべての大気汚染の状態は WHO の基準を満たしていないこともわかりました。

WHO は、大気の質が悪くなると、さまざまな病気にかかる確率が高くなると警鐘を鳴らしています。たとえば脳卒中、心疾患、肺がん、そして喘息などの呼吸器疾患です。また、大気汚染により毎年推定 700 万人が早死にしています。

Flavia Bustreo is WHO Assistant-Director General of Family, Women and Children's Health. In the report, she says that dirty air in cities most affects the youngest, oldest, and poorest people.

However, her colleague, Maria Neira, says there are effective measures to deal with the problem. Neira leads the WHO's Public Health and Environmental Policy.

"You will see that in those cities where measures have been put in place, you can see a decrease on the levels of air pollution and, therefore, on the health risks caused by air pollution."

Neira agrees in the report that "urban air pollution continues to rise at an alarming rate" and severely affects human health. But she says the study shows improvements too. In her words, "awareness is rising and more cities are monitoring their air quality."

This includes increased monitoring of particulate matter in the air.

"Particulate matter," also known as particle pollution, is a complex mixture of extremely small particles and liquid droplets. Particulate matter is made up of a number of parts, including acids, organic chemicals, metals, and soil or dust. The WHO study finds a reduction in air pollutants could lessen deaths from particulate matter by 15 percent.

part 2

繁栄

Assistant-Director General：
事務局長補佐、副局長

colleague：同僚
effective measure：有効な対策
［方策・手段］
**Department of Public
Health and Environmental
Policy**：公衆衛生環境局
put in place：(対策など) を講じる

agree：同意する、認める
at an alarming rate：驚くべき
速さで

monitor：モニターする、測定 [観察]
する

particulate matter：微小粒子
状物質（ここでは PM2.5 のこと）
particle pollution：粒子状汚染
物質

reduction in air pollutants：
大気汚染物質の削減

フラヴィア・バストリオ氏は WHO の「家族・女性・子どもの健康局」（FWC）副事務局長です。バストリオ氏は今回の報告書の中で、都市部の汚染された空気の影響を最も受けるのは幼年層、高齢者、そして最貧困層だと述べています。

しかし彼女の同僚であるマリア・ニーラ氏は、この問題への対処にあたっては有効な対策があると述べています。ニーラ氏は WHO の公衆衛生環境局長です。

「対策がとられている都市では大気汚染のレベルが下がり、したがって、大気汚染が原因の健康リスクも減少していることがわかるのです」

ニーラ氏は今回の報告書の中で、「都市部の大気汚染が驚くべき速さで進んでいて」、人間の健康に深刻な影響を及ぼすことを認めています。しかし今回の調査では改善も見られたとして、次のように述べています。「人々の意識が高まっており、より多くの都市で大気質を測定するようになっています」。

これには、大気中の微小粒子状物質の測定強化も含まれます。

粒子汚染物質としても知られる「微小粒子状物質」とは非常に小さい粒子と液体の混合物で、酸、有機化学物質、金属、土やほこりなど多くの物質で構成されています。 WHO の今回の調査によって、大気汚染物質を減少させることによって、微小粒子状物質による死亡を 15 パーセント減少できることがわかりました。

Carlos Dora is Coordinator of WHO's Department of Public Health and Environmental Policy. He says there are low-cost ways to improve air quality for even the poorest cities. These methods include using renewable power sources, such as solar and wind, and sustainable public transportation.

"If you have clean transportation means, like cycling, walking or rapid transit systems — where you have a lot of people being carried with a few vehicles — then you have less air pollution. Or, if you have cities like New York, which have cleaned the fuel to heat and cool the buildings in a major way… then you have important improvements in air pollution."

The report says the areas with the poorest air quality are in the Eastern Mediterranean and South East Asia.

I'm Anna Matteo.

coordinator：コーディネーター、調整役
low-cost way：低コストの方法
renewable power source：再生可能エネルギー源
sustainable：サステイナブル、持続可能な（「環境破壊をせずに維持・継続できる」という意味）
transportation means：輸送手段
rapid transit systems：高速交通機関

Eastern Mediterranean：東地中海地域
South East Asia：東南アジア

カルロス・ドーラ氏は WHO の公衆衛生環境局の調査官です。彼は、最も貧しい都市であっても大気の質を改善する低コストの方法があると語っています。すなわち、太陽光や風力などの再生可能エネルギーや、サステイナブル（持続可能）な公共交通機関を利用するのです。

「自転車に乗るとか、歩くとか、あるいは少ない乗り物で大人数を運んでくれる高速輸送システムなどのクリーンな交通手段を利用すれば、大気汚染は減少します。あるいはニューヨーク市のように、大規模に建物の冷暖房用の燃料をクリーンなものに変えれば、大気汚染は大幅に改善できるのです」

今回の報告書によると、大気汚染が最も進んでいる都市は主に東地中海地域と東南アジアに集中しています。

アンナ・マテオがお伝えしました。

part 2 繁栄

December 25, 2019

Air Pollution Tied to Hospital Visits for Older Adults

大気汚染は高齢者にとって病院受診につながる

高齢者は大気汚染の悪影響を受けやすい集団の一つです。この記事ではPM2.5による健康への悪影響と、大気汚染から身を守るために行うべきことが述べられています。大気汚染から身を守るためのガイドラインは、是非とも把握しておきましょう。

🔊 19

Older adults who breathe in very small particles from air pollution for even a day or two are more likely to be hospitalized for many diseases, a recent U.S. study suggests.

Researchers examined particles called PM2.5, a mixture of solid particles and liquid. The particles are too small for the eye to see; each one is about three percent of the size of a human hair or smaller.

PM2.5 can include dust, dirt, soot and smoke.

The researchers confirmed earlier links between short-term exposure to PM2.5 and a higher risk of hospitalization and death from some diseases. Those include heart and lung diseases, diabetes and blood flow blockages in the legs. They also found new links between short-term exposure and more hospitalizations for things like kidney failure and sepsis. Sepsis is a life-threatening illness caused by blood infections.

part 2

繁栄

air pollution：大気汚染
tied to：〜につながって、関連して
breathe in：吸い込む
very small particle：微小粒子
（状の物質）
be hospitalized：（病気で）入院
する
PM2.5：微小粒子状物質（大気中
に浮遊する微粒子のうち、粒子径が
2.5 μm 以下のもの）
solid particle：固体粒子
link：関連（性）
short-term exposure：短期曝露
（短期的に何かにさらされること）
hospitalization：入院
lung disease：肺疾患
diabetes：糖尿病
blood flow blockage：血行障害
kidney failure：腎不全
sepsis：敗血症
life-threatening：命に関わる
blood infection：血液感染（血
液接触や輸血などで、自身の血液中
に病原菌が侵入すること）

たとえ 1 日か 2 日であっても、汚染された大気中の微小粒子状物質を吸い込んだ高齢者はさまざまな病気で入院する可能性が高いと、最近アメリカで行われた調査の結果が示しています。

研究者たちが調べたのは PM2.5 と呼ばれる微小粒子で、これは固体粒子と水分の混合物です。この粒子は非常に小さくて目で見ることができません。各粒子の大きさは人間の毛髪の約 100 分の 3 以下です。

PM2.5 には埃、粉塵、すす、煙などが含まれている可能性があります。

研究者たちは、PM2.5 への短期曝露と、ある種の病気で入院したり死亡したりする可能性が高くなることには関連があるという以前の調査結果を確認しました。そのような病気としては心臓病や肺疾患、糖尿病、下肢の血行障害などがあります。さらに研究者たちは、（PM2.5 への）短期曝露と、腎不全や敗血症などのために入院が増えることの関連性も新たに発見しました。敗血症は、血液感染によって引き起こされる生死に関わる病気です。

The study team examined hospital records for Medicare patients around the United States from 2000 to 2012. The researchers chose patients based on their home zip codes.

They looked at data on air pollution levels the day before and day of each patient's hospitalization. The study included 214 different health conditions.

Yaguang Wei is an environmental health researcher at Harvard T.H. Chan School of Public Health in Boston, Massachusetts. He is also the lead writer of the study.

Wei said the most common and dangerous health effects of PM2.5 exposure have been heart and breathing diseases. These are "the leading causes of hospitalization, emergency room visits and even death," he said.

Medicare：メディケア（高齢者及び障害者向け公的医療保険制度）

home zip code：自宅の郵便番号

environmental health：環境衛生学

lead writer：主執筆者、筆頭著者

emergency room：救急救命室

この研究チームは 2000 〜 2012 年にメディケアの給付を受けた全米の患者（約 9,500 万人）の入院データを調べました。患者は住所の郵便番号に基づいて選出されました。

研究者たちは各患者が入院した日とその前日の大気の汚染度のデータを調べました。この調査では 214 の異なる健康状態のグループが対象となりました。

ヤグアン・ウェイ氏はマサチューセッツ州ボストンにあるハーバード大学 T.H. Chan 公衆衛生大学院で環境衛生学を研究しています。彼は今回の調査報告書の主執筆者でもあります。

ウェイ氏は、PM2.5 への曝露により最も多く起こり、最も危険な健康障害は心臓病と呼吸疾患であると報告しています。この二つが「入院や救急救命室への搬送、さらには死亡の主要原因」であると彼は述べています。

part
2

繁栄

The World Health Organization, or WHO, released air quality guidelines in 2005. The guidelines say people should not be exposed to average PM2.5 levels above 25 micrograms per cubic meter of air for more than 24 hours.

Few studies have looked at the connection between short-term exposure to fine particulate matter and conditions such as sepsis, fluid disorders, kidney failure and intestinal problems.

For such diseases, each cubic meter rise in short-term average fine PM levels was linked with a yearly rise of around 2,050 hospital visits. That cost $31 million in hospital visits, plus costs for care afterward.

Even air pollution levels below safety levels set by the WHO were linked with a higher risk of hospitalizations for conditions such as heart and breathing disorders. These diseases have been tied in earlier studies to PM2.5 exposure.

For these diseases, each cubic meter rise in short-term average fine PM levels was linked with a yearly rise of around 3,642 hospital visits. That cost $69 million in hospital visits, plus costs for care afterward.

Wei and the team of researchers reported their findings in *The BMJ* medical journal.

WHO air quality guidelines：
WHO 空気質ガイドライン（健康リスクをもたらす主要な大気汚染物質の限界値に関するガイダンスを提供し、大気質を改善するために地域及び国レベルで大気汚染目標を設定するための参考資料）

fluid disorder：体液電解質異常
intestinal problem：腸疾患

cubic meter：立方メートル

hospital visit：通院

BMJ = *British Medical Journal*
：『ブリティッシュ・メディカル・ジャーナル』（イギリスの医学誌。 世界五大医学雑誌の一つ）

世界保健機関（WHO）は 2005 年に「空気質ガイドライン」を発表しました。このガイドラインでは、人は平均濃度が 25 μg/㎥を超える PM2.5 に 24 時間以上曝露されるべきではないと警告してあります。

微小粒子状物質への短期曝露と、敗血症や体液電解質異常、腎不全、腸疾患などとの関連性を調べた研究はこれまでほとんどありませんでした。

それらのような疾患の場合、PM2.5 濃度の短期平均値が 1 μg/㎥高くなるごとに通院件数が年間約 2,050 増えていました。そのための受診料とその後の治療費に約 3,100 万ドルかかっていました。

WHO が設定している安全値以下の大気の汚染度であっても、心臓障害や呼吸器障害などの症状で入院する可能性が高くなることにつながっていました。これらの疾患は、以前の調査で PM2.5 曝露との関連が指摘されていました。

これらの疾患については、PM2.5 濃度の短期平均値が 1 μg/㎥高くなるごとに、通院件数が年間約 3,642 増えていました。そのための受診料とその後の治療費に約 6,900 万ドルかかっていました。

ウェイ氏と研究チームは、この研究結果をイギリスの医学雑誌『BMJ』に発表しました。

part
2

繁栄

Costs related to short-term air pollution exposure are probably far higher than the research suggests, said study co-writer Francesca Dominici. She is also a public health researcher at Harvard.

In an email to *Reuters Health*, she said the major limit of this study was that costs following hospital visits were not well documented.

People may not be able to avoid exposure to air pollution, but they can still do things to protect themselves, said Matthew Loxham. He is with the University Hospital Southampton in the United Kingdom.

Loxham said in an email that everyone should pay attention to local air quality levels and guidance. But people with heart conditions, asthma, lung disease and other illnesses should pay special attention. Local guidance on poor air quality days may, for example, tell people with such conditions to close windows or avoid some kinds of outdoor exercise.

And, Loxham said, patients and doctors should take note of how poor air quality can worsen health conditions to better understand and treat them.

I'm Alice Bryant.

co-writer：共同執筆者

Reuters Health：「ロイター・ヘルス」（健康と医療に関するニュースを提供するロイター通信のウェブサイト）
document：記録する

University Hospital Southampton：サウサンプトン大学病院
air quality level：空気質レベル
guidance：ガイダンス、指導、指示
asthma：喘息

take note of：に注意を払う
worsen：悪化する

汚染された大気への短期曝露に関連した費用はおそらくこの調査が示すよりもはるかに高いだろう、と語るのは同研究の共同執筆者フランチェスカ・ドミニチ氏です。彼女もハーバード大学で公衆衛生学を研究しています。

ドミニチ氏はウェブサイト「ロイターズ・ヘルス」宛てのEメールの中で、今回の調査における大きな限界は、通院時の治療費が十分に記録されていなかった点だと述べています。

人は大気汚染物質への曝露を避けることはできないかもしれないが、それでも自分を守るためにできることがあるとマシュー・ロクサム氏は述べています。彼はイギリスのサウサンプトン大学病院に勤めています。

ロクサム氏はEメールの中で、誰もが自分の住居地の空気質とそれに応じたガイダンスに注意を払うべきだと述べています。心臓病や喘息、肺疾患などを患っている人は特に注意を払う必要があります。たとえば各地域のガイダンスでは、空気質の悪い日にはそのような症状のある人には窓を閉めたり、ある種の屋外運動はやめるよう伝えているかもしれません。

そして患者も医師も、よく理解して治療するために、空気質が健康状態をどれほど悪くしうるかに注意する必要があるとロクサム氏は述べています。

アリス・ブライアントがお伝えしました。

地球
Planet

　「5 つの P」の 3 つ目は Planet（地球）です。該当する目標は全部で 4 つ、どれも将来の世代が繁栄できるよう地球環境を保全するための目標です。注目してほしいのは、この Part の最初に来るのが気候変動への対策といった地球規模の目標ではなく、生産と消費形態の持続可能化に向けた目標であるということです。私たちが使うものを、どのようにつくり、どのように消費するかに目を向けることが、地球環境改善につながるのです。

　持続可能な生産消費を意識することで、海や森、地球全体からどういった恩恵を受けているか、それらを守ることがどれだけ重要かも意識できるようになるのではないでしょうか。

Photo: libre de droit/iStockphaoto

目標 **12** つくる責任 つかう責任

持続可能な生産消費形態を確保する

Ensure sustainable consumption and production patterns

地球環境保護に関する最初の目標、SDGs12番目の目標は商品の生産・消費に関する目標です。これは企業活動や私たちの生活に最も直接的に影響を与える目標で、私たちが利用する服や家電、食料など、さまざまな製品の**サプライチェーン（supply chain）**全体において資源利用の効率化や**廃棄物（waste）**の減少、そして地球環境や人間社会への悪影響緩和が求められています。

日本では、主に政府主導で**食品ロス（food loss）**削減に向けた取り組みが進められています[※1]。賞味期限のあり方の見直しや**フードバンク（food bank）**[※2]の試み、飲食店での持ち帰り推進など、消費者だけでなく食品提供側も含めた対策がなされています。

また食品に限らず、人や社会・環境に配慮したエシカル（倫理的）消費の広まりや企業によるサプライチェーン全体の見直しなど、目標達成に向けた動きはより広まっていく見込みです。

12.3 2030年までに**小売・消費レベル（retail and consumer levels）**において**世界全体の一人あたりの食料の廃棄を半減（halve per capita global food waste）**させるとともに、生産・サプライチェーンにおいて**収穫後損失（post-harvest losses）**など食料の損失を減少させる。

12.5 2030年までに、廃棄物の**発生防止（prevention）**、**削減（reduction）**、**再生利用（recycling）**及び**再利用（reuse）**により、**廃棄物の発生量（waste generation）**を大幅に減少させる。

12.8 2030年までに、人々があらゆる場所において、持続可能な開発及び**自然と調和した（in harmony with nature）**ライフスタイルに関する情報と意識を持つようにする。

（外務省作成の仮訳より一部変更して引用）

※1 農林水産省の推計によれば、2015年に646万トンあった食品ロスは、2018年現在600万トンまで減少している。
※2 製造や流通過程で発生した売れない・売れ残った食品を、食料に困窮している人やその支援団体に寄付する活動。フードバンクの数は2021年4月現在、農林水産省で136団体が確認されている。

「もったいない」はもはや個人の生活
だけでなく、地球環境保全でも重要
な意味合いを持つようになりました。
地球資源で作られるさまざまな食料・
製品を、私たちは適切に「消費」でき
ているのでしょうか。

Photo: Tramino/iStockphaoto

　世界的には**10年計画枠組み（10-Year Framework of Programmes:
10YFP）**をもとに、経済成長と環境悪化の切り離しが目指されています。しか
し近年の開発途上国の発展に伴い、バイオマスや化石燃料、鉱物といった天然
資源の消費量を表す**マテリアルフットプリント（material footprint）**が増加
していることが問題となっています。この増加は10年計画枠組みの方向性と
はずれることになるため、天然資源利用方法の変革が必要とされています。

　生産と消費に関する目標は、他の目標と比べても私たちにとって最も身近で
取り組みやすいものです。またSDGs全体に言えることですが、日本での取り
組みは海外の動向によく影響を受けます。そして生産と消費に関しては、私た
ちの生活により直接的に影響を与える可能性があります。このことを考えれば、
生産と消費に関した英語ニュースもより深く理解できるのではないでしょうか。

ピックアップ テーマ を深掘るキーワード

生産と消費で生まれるもの

municipal solid waste (MSW)
　都市廃棄物

food loss 食品ロス（英語では食品製造過
　程までに発生する廃棄を指す）

food waste 食品廃棄物（英語では小売や
　飲食店、消費者利用で発生する廃棄を指す）

edible food 食べられる食品

reactive nitrogen 反応性窒素

生産と消費に関わるもの

public procurement 公共調達

supply chains サプライチェーン
　（製品が消費者に届くまでの一連の流れ）

retail 小売

consume 消費する

環境に優しい生産と消費を考えるために

**decoupling economic growth
　from environmental degradation**
　経済成長と環境劣化の切り離し

ecological footprint エコロジカル・フ
　ットプリント（人間活動に必要な環境へ
　の負荷。footprint は「生きるために地球
　環境を踏みつけた足跡」という意味）

carbon footprint カーボン・フットプ
　リント（製品ライフサイクルにおける
　CO$_2$排出量）

circular economy 循環型経済

food bank フードバンク（さまざまな理由
　で食べられるのに捨てられる食品を、食べ物
　に困っている施設や人に届ける活動）

best before date 賞味期限

165

Japanese Companies Use Technology to Fight Food Waste

食品ロスとの闘いに AI を活用する日本企業

食品ロスの削減には国をあげた取り組みがなされています。この記事では、食品ロスを減らすために行われている日本企業の取り組みが紹介されています。AI の導入はどのように食品ロスを削減したのでしょうか。

 20

Companies in Japan are increasing their use of technology to reduce food waste and cut costs during the coronavirus health crisis.

They are using artificial intelligence, or AI, to help those efforts. The businesses are also looking to increase their sustainability efforts.

Government information from Japan shows that it throws away more than 6 million tons of food waste each year.

The cost to handle this food waste is estimated at $19 billion. This means Japan wastes more food for each of its citizens than any other Asian country.

For this reason, the Japanese government has enacted a new law. Its goal is to cut the costs of food waste by 50 percent from levels in 2000. The government wants to reach this goal by 2030 and it is urging companies to find ways to solve the problem.

food waste：食べ物の無駄、
食品ロス、食品廃棄物
coronavirus health crisis：
新型コロナウイルスの感染拡大に伴う
健康危機
artificial intelligence：人工知能
sustainability efforts：持続可
能な取り組み

handle：扱う、処理する

enact：（法律を）制定する

urge：促す、要求する

日本では、コロナ禍で健康危機にあるこの時期、最
先端技術を使って食品ロスを減らし、コスト削減を
図ろうとする企業が増えています。

このような企業は、そうした取り組みを有効的に行
うために人工知能（AI）を用いています。さらに、
持続可能な取り組みを増やすことも考えています。

日本政府が発表したデータによると、日本では毎年
600万トンを超える食べ物が廃棄されています。

それを処理するための費用は年間約190億ドル（約
2兆円）と言われています。ということは、日本で
は国民一人当たり、アジアのどの国よりも多くの食
べ物を無駄にしていることになります。

そのようなわけで日本政府は新しい法律を制定しま
した。その目標は食品廃棄物の処理コストを2000年
のレベルから50パーセント削減することです。政府
は2030年までにこの目標を達成したいとして、企
業にこの問題の解決策を見つけるよう促しています。

**part
3**

地
球

Convenience store operator Lawson is now using AI from the U.S. company DataRobot. DataRobot uses technology to find ways to make supply meet demand.

In places where this program has started, Lawson aims to reduce having too much of a product by 30 percent. The company has similar plans to the Japanese government. It wants to cut its food waste by 50 percent from 2018 levels by the year 2030. The second biggest cost for Lawson's store owners is disposal of food waste. Its highest cost is labor.

Drink maker Suntory Beverage & Food is experimenting with an AI product from another Japanese company, Fujitsu. Suntory wants to know if products such as bottles of tea and water have been damaged in shipping.

Until now, that has been done by human labor and takes a long time. With new AI technology, Suntory hopes to learn more about how its products get damaged while being sent to stores and how many will need to be returned for replacement.

Suntory aims to reduce the return of goods by 30 to 50 percent and cut the cost of food waste. The goal of these efforts is to develop a system that can be shared with other food makers and the companies that transport their products.

operator：事業主
DataRobot：データロボット社。高精度の予測と自動化を実現する機械学習プラットフォームを提供している。
supply：供給
demand：需要

similar to：〜に似ている

Suntory Beverage & Food：サントリー食品インターナショナル

damage：損傷を与える

replacement：交換

コンビニエンス・ストア・チェーンのローソンは現在、アメリカのデータロボット社のAIを利用しています。データロボット社はAIテクノロジーを用いて供給を需要に合わせる方法を見出します。

この取り組みがすでに開始されている地域において、ローソンは在庫過剰を30パーセント削減することを目指しています。同社では日本政府と同様の計画も立てており、食品ロスを2030年までに2018年のレベルから50パーセント削減したいと考えています。ローソンの店舗オーナーにとって2番目に大きなコストは、廃棄する食品の処理費用です。1番目は人件費です。

飲料メーカーのサントリー食品インターナショナルは、富士通のAI製品を使って実験をしています。サントリーはお茶やミネラルウオーターなどペットボトル入りの製品が運送中に破損していないかどうかを知りたいのです。

これまでのところ、それは人間の手作業で行われており非常に時間がかかります。サントリーでは新しいAI技術を使うことにより、製品が店舗に配送されるまでの間にどのように破損するのか、交換のためにどれくらい返品される必要があるのか、より多くの情報が得られることを期待しています。

サントリーは商品の返品を30〜50パーセント削減し、食品ロスのコストを削減することを目指しています。この取り組みの最終目標は、他の食品メーカーや配送業社と共有できるシステムを開発することです。

part 3
地球

Japan's shoppers are known for being very fussy. But even they are showing signs of agreeing. This is especially true as the coronavirus health crisis hurts people's incomes.

In 2014, Tatsuya Sekito launched Kuradashi, an internet-based business that sells surplus food at a discount. He started the company while working for a Japanese company that did business in China. There he saw huge amounts of waste from food producers.

With about 800 companies, the online network is doing very well. The reason is partly because of an increase in demand for low-priced foods. Shoppers are increasingly concerned about prices during the COVID-19 crisis.

Sekito told Reuters, "Sales grew 2.5 times last year from a year before, while the amount of food waste has doubled since the coronavirus cut off [the] food supply chain."

The companies get shoppers by offering low prices and a chance to donate to worthwhile causes and social issues. That is not bad for business either. Membership numbers jumped to 180,000 in 2021 from 80,000 in 2019.

shopper：買い物客
fussy：口うるさい、好みにうるさい

launch：（組織的な活動を）開始する
Kuradashi：クラダシ（食品ロス削減に賛同するメーカーから提供された商品を割引価格で販売し、売上の一部を社会貢献活動団体に寄付する社会貢献型ショッピングサイト）
surplus food：余剰食品
at a discount：割引価格で

COVID-19：「Coronavirus Disease 2019」の略称。coronavirus disease（新型コロナウイルス感染症）は 2019 年に最初の症例が確認された。
Reuters：ロイター通信

supply chain：サプライチェーン（商品や製品が消費者の手元に届くまでの、調達、製造、在庫管理、配送、販売、消費といった一連の流れのこと）
worthwhile cause：慈善団体
social issues：社会問題

日本の買い物客は細かいことにこだわることで有名です。しかしそのような顧客であっても、このような取り組みには賛成しているようです。コロナ禍に伴う健康危機が家計に悪影響を及ぼしているときは特にそう言えます。

2014 年、関藤竜也氏は、余剰食品を割引価格で販売するネット企業 KURADASHI を立ち上げました。関藤氏がこの企業を立ち上げたのは、中国で商取引を行っている日本企業に勤務しているときでした。彼は、中国で食品製造業社が膨大な量のごみを排出しているのを目の当たりにしたのです。

現在、提携先は約 800 社となり、ショッピングサイト KURADASHI の経営は非常にうまくいっています。その理由の一つは、安い食品の需要が増えたことです。コロナ禍の今、買い物客はますます価格を気にするようになっています。

part 3　地球

関藤氏はロイター通信の取材で次のように語りました。「昨年の売上高は一昨年の 2.5 倍になりましたが、その一方コロナ禍で食料のサプライチェーンが途切れるようになってから食品ロスは 2 倍になっています」。

KURADASHI は安価な食品と、社会貢献活動団体、慈善団体・社会問題（に関わるところ）へ寄付する機会を提供することで買い物客を集めています。それはこの企業にとっても悪いことではありません。2019 年に 8 万人だった会員は 2021 年には 18 万人に急増しました。

Other businesses have joined forces with food companies in developing new technologies to cut food waste. NEC Corporation is using AI that estimates demand based on several conditions, such as the weather, the time of year, and people's buying behavior.

NEC has used AI with some major retailers and food makers. It has helped them reduce costs by 15 to 75 percent. But a top official at NEC told Reuters that reducing food waste is not the company's final goal.

Ryoichi Morita said he hopes reducing waste will help solve other business problems. These, Morita said, include reducing costs, increasing supply-and-demand efficiency, and fixing labor shortages.

I'm Anna Matteo.

join forces with：〜と手を組む、〜と提携する

retailer：小売業者

ほかにも食品企業と提携して食品ロス削減のために新しいテクノロジーを開発している企業があります。たとえば NEC は天候、カレンダー、顧客の購買動向などの条件に基づいて需要を予測する AI を使っています。

NEC は AI を大手小売店や食品メーカーと共有することによって、コストを 15 〜 75 パーセント削減できるようになりました。しかし NEC のある幹部はロイター通信に、食品ロスを削減することは同社の最終目標ではないと語っています。

森田亮一氏（NEC のデジタルインテグレーション本部シニアマネージャー）は、食品ロスを減らすことは、経営上のその他の問題解決にもつながると期待していると語りました。森田氏によれば、すなわち諸経費が削減され、需給に関する効率を上げ、人手不足が解消されることになるのです。

アンナ・マテオがお伝えしました。

January 01, 2020

Clothing Designers Reusing Materials to Save Environment

ファッションデザイナーたち、環境保護のために素材を再利用

持続可能な生産と消費の実現は、服飾業界でも大きなテーマです。この記事では各国のファッションブランドが行っている環境配慮の取り組みを紹介しています。環境に配慮したものづくりを、どのように実現しようとしているでしょうか。

🔊》 21

Clothing designers are turning to unusual plants and used materials to make products that better use natural resources.

More people are paying closer attention to how the production of clothing affects the environment. However, some experts say that the idea of "buy and throw away," still rules when it comes to clothes.

This is true — although some famous people support a movement to reuse and recycle clothing.

Actress Maggie Q created a line of clothes from recycled fabrics. She is among activists who believe more can be done to waste less.

She says she feels "sick" about "fast fashion" — low-cost clothes that can be worn once, then thrown away.

ARTS & CULTURE

Clothing Designers Reusing Materials to Save
Environment

https://learningenglish.voanews.com/a/
clothing-designers-reusing-materials-to-
save-environment/5225623.html

This combination photo shows actress Emma Roberts wearing vintage Armani Privé at the Oscars in
Los Angeles. (Photos by Jordan Strauss/Invision/AP, File)

clothing designer：服飾デザイ
ナー、ファッションデザイナー

turn to：目［注意］を向ける

unusual plant：珍しい植物

better use：もっとうまく［有効に］
使用［利用］する

pay close attention to：〜に
よく注意する

buy and throw away：買って
（使ったら）捨てる、使い捨てする

rule：支配する、主流である

when it comes to：〜のことに
なると、〜に関して言えば

recycled fabric：（何かを）リサ
イクルして作られた生地

waste less：無駄を少なくする、
ごみを少なくする

feel sick：うんざりする

fast fashion：ファストファッショ
ン（流行のデザインを取り入れた衣
料品を迅速に大量生産し、短期間に
売り切ってしまうファッションブラ
ンド、あるいはそのビジネスモデル）

ファッションデザイナーたちは自然資源を有効利用
した製品を作るために、変わった植物や使用ずみの
素材に着目しています。

最近は、より多くの人が衣料品の製造工程が環境に
どのような影響を及ぼすかについて、より関心を示
すようになっています。しかし、衣類に関しては「使
い捨て」の考え方が依然としてまかり通っている、
と一部の専門家たちは指摘します。

確かにそのとおりなのですが、有名人の中にも衣類
のリユース・リサイクル運動を支持する人たちもい
るのです。

女優のマギー・Q はリサイクル繊維を使ったファッ
ションブランドを立ち上げました。彼女は、ごみを
減らすためにもっと多くのことができるはずだと考
える活動家の一人です。

彼女の言うところでは「ファストファッション」、
安く買えて一度着たら捨ててしまえるような衣類に
はもう「うんざり」だということです。

part **3**

地球

The British design team, Vin+Omi, looks for creative ways to make the industry more sustainable. Their clothing is worn by former first lady Michelle Obama and singers Beyonce and Lady Gaga.

The team found latex from Malaysia. But, when they discovered the conditions for the work there were bad, they bought the operation.

In their office in the English countryside, they grow unusual crops for cloth development. These include chestnuts from trees and horseradish.

Their latest line of clothes includes ones made from nettle plants, alpaca hair and recycled plastic from paint containers.

Another English designer, Zoe Corsellis, keeps her carbon footprint low by manufacturing her clothes in London. The cloth comes from the United Kingdom and Germany. She makes the cloth from wood products, sea waste and something called "peace silk." It is considered a better method for silk worms than the traditional silk production process.

Vin＋Omi：ヴィン＋オミ（ヴィン
とオミの２人のデザイナーが2004年
に立ち上げた「サステイナブル」ファ
ッションで知られるブランド）

sustainable：サステイナブル、持
続可能な（ここでは天然素材に頼らな
いものづくりや、最新のリサイクル技
術を用いて廃棄物から新しい商品を生
み出すこと、そして質がよく長く愛用
できる服を作ることなどを意味する）

latex：ラテックス

chestnut：栗

horseradish：ホースラディッシュ、
セイヨウワサビ

latest line of：（製品などの）
最新シリーズ

nettle plant：イラクサ

alpaca hair：アルパカの毛

paint container：塗料容器
（ここでは「絵の具のプラスチック
チューブ」）

carbon footprint：カーボンフ
ットプリント、二酸化炭素の排出量

wood product：木材製品

sea waste：海洋ごみ

peace silk：ピースシルク。成虫
になる前の生きた蚕（かいこ）を茹
でて作られるシルクと違って、さな
ぎとなった蚕が羽化して繭（まゆ）
を去るのを待ってから生糸を紡いで
作られるシルク

silk worm：蚕

イギリスのデザイナーグループ「ヴィン＋オミ」はファッション業界をよりサステイナブルにするためにクリエイティブな方法を模索しています。彼らがデザインした服はミシェル・オバマ元大統領夫人や歌手のビヨンセやレディー・ガガなどが愛用しています。

ヴィン＋オミは素材としてマレーシア産のラテックスを見つけましたが、現地の労働条件が劣悪であることを知って、経営権そのものを買収しました。

イギリスの田園地方にあるヴィン＋オミのオフィスでは、衣類開発のために珍しい植物、たとえば栗の実やセイヨウワサビなどが栽培されています。

ヴィン＋オミの最新のコレクションには、イラクサやアルパカの毛、絵の具チューブをリサイクルしたプラスチックで作られた服もあります。

もう一人のイギリス人デザイナー、ゾーイ・コルセリスは自分がデザインした服をロンドンで製造することによって二酸化炭素の排出量を低く抑えています。繊維はイギリス産とドイツ産で、木材パルプや海洋ごみ、「ピースシルク」などから作られています。ピースシルクは従来のシルク生産工程よりも、蚕によってより良い方法がとられていると考えられています。

part
3
地球

177

Belgian designer Sebastiaan de Neubourg is recycling plastic bottles, car parts and machines used in homes. Plastic waste is collected and torn into small pieces for a 3D printer.

"Waste, I believe, is design failure," he said.

More famous people are also playing a part in the movement. They are buying vintage — or old — clothes used by people long ago. Others wear a set of clothes more than once.

Fee Gilfeather is a sustainability expert with the nonprofit group Oxfam. She said there is hope that more will be done.

"The textile industry is getting close to working out how to do fiber-to-fiber recycling," she said. Such recycling takes clothes that are no longer wanted or needed and breaks them down into raw materials to make new clothing.

She said the industry needs to move faster, because carbon emissions from the textile manufacturers are predicted to increase 60 percent by 2050.

Some fast-fashion industry leaders, including Zara and H&M stores, have launched clothing take-back plans aimed at recycling old clothes. But for now, recycling and a zero-waste goal is mostly a small part of the worldwide industry.

I'm Anne Ball.

waste：ごみ
3D printer：3D プリンター
（3次元的なデジタル・モデルをもとにして物体を作り出す機械）

vintage clothes：ヴィンテージの服（主に 1920 年〜 1975 年に作られた洋服・古着）

Fee Gilfeather：フィー・ギルフェザー（非営利団体「オックスファム」のサステナビリティ担当者）
sustainability expert：サステイナビリティの専門家
Oxfam：オックスファム（貧困と不正を根絶するための持続的な支援・活動を 90 カ国以上で展開している団体）
work out：考え出す、案出［考案］する
raw material：原材料、素材、ここでは「繊維」
carbon emissions：二酸化炭素排出量
textile manufacturer：繊維メーカー
be predicted：予測される
Zara：ザラ（低価格でファッション性のある衣料品を提供するスペインのファッションチェーン）
H&M：エイチ・アンド・エム（スウェーデンのアパレルメーカーが展開するファッションブランド）
launch：開始する
clothing take-back plan：
衣料品回収キャンペーン

ベルギー人デザイナーのセバスチャン・デ・ヌーブールは家庭で使用されたペットボトルや自動車部品、機械類などをリサイクルしています。プラスチックごみは回収したら細断して、3D プリンターの部品作りに使われます。

「私が思うに、ごみが出るのはデザインの失敗なのです」とデ・ヌーブールは語っています。

もっと有名な人たちもこの活動に参加しています。昔の人たちが着ていたヴィンテージ製品――古着――を買う人もいれば、何度も同じ服を着る人もいます。

フィー・ギルフェザー氏は非営利団体「オックスファム」でサステナビリティを担当しています。彼女は、もっとさまざまなことが行われるという希望があると語っています。

「繊維業界は、繊維を繊維へとリサイクルする方法を間もなく開発するでしょう」ギルフェザー氏はそう述べています。そのようなリサイクルを行うには、不要になった衣服を回収し、それを繊維に分解して新しい服を作るのです。

彼女は、繊維メーカーが排出する二酸化炭素は2050 年までに現在の 60 パーセント増えると予測されるので、業界は急いで行動する必要があると語りました。

ザラ（Zara）や H&M などファストファッション業界大手は、古い製品をリサイクルするために衣料品回収キャンペーンを開始しました。しかし現在のところ、リサイクルや「ごみゼロ」を目指しているのは、世界のファッション業界のごく一部にすぎません。

アン・ボールがお伝えしました。

**part
3**

地球

目標 13　気候変動に具体的な対策を

気候変動及びその影響を軽減するための緊急対策を講じる

Take urgent action to combat climate change and its impacts

　SDGs の 13 番目に来るのは**気候変動（climate change）**、特に**地球温暖化（global warming）**への対策に関する目標です。地球温暖化は、近年の豪雨や暖冬といった異常気象の頻発でその影響を実感することが増えてきました。温暖化進行によるこれらの気候変動対策や**温室効果ガス排出量（greenhouse gas emissions）**削減[※1]のために、2015 年採択の**パリ協定（Paris Agreement）**に基づいて国際的な取り組みが進んでいます。

　日本では直接的な CO_2 の排出量は発電によるものが約 40% と最も多く、削減のために発電所の性能向上や**再生可能エネルギー（renewable energy）**の導入が進められています。一方、エネルギー消費による間接的な排出では産業活動での排出が約 80%、家庭での排出が約 10% を占めます。これらの排出量を減らすために、**エネルギー利用効率（energy efficiency）**の改善や、**消費エネルギーの節約（energy conservation）**といった取り組みが進められています。

　今後は**カーボンプライシング（carbon pricing）**導入や**カーボンニュートラル（carbon neutral）**を目指したグリーン成長戦略の推進など、温暖化緩和に向けたさらなる取り組みが進む予定です。

13.2　**気候変動対策（climate action）**を各国の政策、戦略及び計画に盛り込む。

13.a　**重要な緩和行動（meaningful mitigation actions）**の実施とその**実施における透明性（transparency on implementation）**確保に関する開発途上国のニーズに対応するため、年間 1,000 億ドルを 2020 年までにあらゆる供給源から共同で動員するという、UNFCCC（気候変動枠組条約）の先進締約国によるコミットメントを実施し、可能な限り速やかに資本を投入して**緑の気候基金（Green Climate Fund）**[※2]を**本格始動させる（fully operationalize）**。

（外務省作成の仮訳より一部変更して引用）

※1　環境省の調査では、2015 年に 13.2 億トンあった温室効果ガス排出量は、2019 年現在 12.1 億トンに減少している。
※2　開発途上国での気候変動対策を支援するための国際基金。日本は設立時に約 1,540 億を拠出している。2015 年に
　　　活動開始し、2021 年現在 121 の開発途上国で 173 のプロジェクトを支援しており、支援総額は 8,400 億円にのぼる。

極端な異常気象をもたらす地球温暖化は、今や地球が暑くなる以上の意味合いを持ちます。近い将来においてその影響を軽減するために、これからの取り組みが重要となってくるのです。

Photo: Cylonphoto/iStockphaoto

2019年のCOP25では目指すべき気温上昇幅が2℃ではなく1.5℃とされ、さらなる温室効果ガス削減が世界的に叫ばれました。翌2020年は、コロナの流行で起きたさまざまな規制により排出量が6%減少しましたが、上昇幅を1.5℃に抑制するための削減幅7.6%にはまだ届いていません。また**化石燃料（fossil fuels）**利用への投資額が気候変動対策への投資額を継続して上回るなど、今後の排出量削減に向けて一層の努力が必要とされています。

温暖化対策はニュースで取り上げられることが多く、日本でどういった取り組みが進んでいるかという情報もよく耳に入ってくるかと思います。そこで更に日本と海外の取り組みの差に目を向けることで、温暖化対策に関する英語ニュースを理解しやすくなるのではないでしょうか。

ピックアップ　テーマ🔨を深掘るキーワード

気候変動に関する管理指標

Energy Intensity エネルギー強度、エネルギー消費原単位（経済活動における1単位あたり消費エネルギー量。たとえば10,000kWの電力を使って1,000円の商品を作ったとき、1円の価値産出に10kWを使ったことを指す。これが小さいほど、省エネルギーであることを示す）

Carbon Intensity 炭素強度、二酸化炭素排出原単位（さまざまな経済活動の1単位あたり排出二酸化炭素量。小さいほど環境に優しいことを示す）

effective carbon rate 実効炭素税率（各国の二酸化炭素排出に対する課税率）

気候変動の原因

greenhouse gas 温室効果ガス

petroleum 石油

coal 石炭

気候変動を緩和するために

Paris Agreement パリ協定

ratify 批准する

mitigate やわらげる、静める

Fossil of the Day 本日の化石賞（気候変動枠組条約締結国会議で、気候変動への取り組みが最も遅れているとされた国に贈られる不名誉な賞。日本は複数回受賞している）

go green 環境保護を進める

reforestation 森林再生

renewable energy 再生可能エネルギー

carbon pricing カーボンプライシング、炭素の価格付け（国が行うCO₂排出への課税や排出量取引、企業が自社のCO₂排出に対して行う価格付けなどを指す）

carbon tax 炭素税

Global Warming Causes Earlier Pollen Season

地球温暖化で早まる花粉シーズン

地球温暖化の影響は海面の上昇や異常気象の多発に限りません。この記事では、温暖化の影響による花粉シーズンの早期化・長期化の研究を紹介しています。こういったことにも、今後対処が必要とされているのです。

🔊 22

From VOA Learning English, this is the Health & Lifestyle report.

When Dr. Stanley Fineman started as an allergist, he told patients to start taking medications and prepare for pollen season in the middle of March.

That was about 40 years ago. Today, he tells them to start around the middle of February.

Since 1990, pollen season across the United States and Canada has been starting earlier, about 20 days earlier. And pollen loads, the amount of pollen released by plants, are 21 percent higher.

The main reason for this, a new study found, is global warming.

Other studies have shown North America's allergy season getting longer and worse. But this one, published in the *Proceedings of the National Academy of Sciences*, has the most complete information coming from 60 reporting stations. It is also the first study to make scientific connections between an earlier and more intense pollen season with human-caused climate change.

https://learningenglish.voanews.com/a/
global-warming-causes-earlier-pollen-
season/5773028.html

FILE - A bee covered with pollen hooks itself onto a petal of a bluebell in a garden. [REUTERS/Toby Melville]

part
3

地球

global warming：地球温暖化
pollen season：花粉（症）の季節、
花粉シーズン

allergist：アレルギー専門医
take medication：薬を服用する

pollen load：花粉量

*Proceedings of the National
Academies of Sciences*：
『米国科学アカデミー紀要』（1915 年
に創刊された米国科学アカデミーの
機関誌）
reporting station：（観測したデ
ータの）報告拠点
human-caused：人為的な要因
による、人間が引き起こした

これは VOA Learning English がお届けする「健康
とライフスタイル」レポートです。

スタンリー・ファインマン医師がアレルギー専門医
になりたての頃、患者には花粉シーズンに備えて 3
月中旬に薬を飲み始めるように言っていました。

それが約 40 年前のことです。今は 2 月中旬頃には
薬を飲み始めるようにと言っています。

1990 年以降、アメリカやカナダでは花粉シーズン
が 20 日ほど早く始まるようになっています。そし
て花粉量、すなわち草木が出す花粉の量は 21 パー
セント多くなっています。

その主な原因が地球温暖化にあることが最近の研究
で明らかになりました。

さらに他のいくつかの研究によると、北米のアレル
ギーシーズンはより長く、より深刻なものになって
きています。しかし、ここに紹介する『米国科学ア
カデミー紀要』に掲載された研究は、北米 60 カ所
の観測地が（1990 年から 2018 年にかけて）送っ
てきた全データに基づいています。これは花粉シー
ズンが早くなって花粉量が多くなったことと、人為
的な要因による気候変動とを科学的に関連づけた最
初の研究でもあります。

The study says the warmer the Earth gets, the earlier spring starts for animals and plants, especially plants that release pollen. Additionally, trees and plants produce more pollen when they get carbon dioxide.

Bill Anderegg is the lead writer of the study. He said, "climate change is here and it's in every breath we take." The University of Utah scientist told the Associated Press (AP), "This is clearly warming temperatures and more carbon dioxide putting more pollen in the air."

Scientists are not sure why trees are giving off the allergy-causing particles earlier than grasses. But Anderegg said just look at cherry blossoms opening earlier in Japan and Washington, D.C. as an example.

Scientists involved in the study also considered that parks and cities were getting greener. They also compared what is happening now in our environment to computer models of an Earth without human-caused warming and rising carbon dioxide in the air.

Since 1990, about half of the earlier pollen season was linked to climate change — mostly from warmer temperatures. But plant-feeding carbon dioxide, Anderegg said, played a part.

However, since the 2000s, he said, about 65 percent of early pollen seasons can be blamed on warming. And about 8 percent of the increased pollen load can be blamed on climate change.

Chris Downs of St. Louis, Missouri does not need a study to show that he already has problems with breathing, headaches, and red itchy eyes. His allergies usually hit in March. But the last two years, they came in early February, along with blooms of trees and flowers.

この研究によると、地球の温暖化が進むほど、動植物、特に花粉を飛散する草木にとって春は早く始まります。さらに、草木は二酸化炭素を多く吸収すると、より多くの花粉を作り出します。

carbon dioxide：二酸化炭素

lead writer：筆頭著者

Associated Press (AP)：AP通信

give off：放つ、放出する

ビル・アンデレッグさんはこの研究報告の筆頭著者です。彼は「気候変動は実際にここに存在し、私たちは呼吸をするたびにそれを吸い込んでいるのです」と語ります。ユタ大学の科学者は AP 通信の取材に答えて、「明らかに気温は上昇しており、より多くの二酸化炭素が発生して、より多くの花粉が空中に放出されています」と語りました。

樹木が草花よりも早い時期にアレルギーの原因となる花粉粒子を放出する理由は科学者たちにもわかりません。しかし、アンデレッグさんは、その一例として、日本やワシントン D.C. で草花よりも早く開花する桜の木を見てみるといいと言います。

computer model：コンピューターモデル（コンピューターによって物理現象などをモデルとして記述したもの。ここでは「地球システムモデルシミュレーション」のこと）

plant-feeding carbon dioxide：植物が吸収する二酸化炭素

今回の研究グループは、公園や街に緑が多くなっていることも考察しました。また、私たちの自然環境で今起きていることを、人為的な要因による地球温暖化や大気中の二酸化炭素の上昇を排除した「コンピューターモデル」と比較することもしました。

1990 年代以降、早めに始まった花粉シーズンの半数は気候変動、主に気温が高かったことが原因でした。しかし、草木が吸収する二酸化炭素がその一因であったとアンデレッグさんは言います。

be blamed on：～のせいである

しかし 2000 年代以降に早く始まった花粉シーズンの約 65 パーセントは、地球温暖化が原因だと考えられると彼は述べています。そして花粉の量が約 8 パーセント増えたのは気候変動のせいだというのです。

red itchy eyes：赤くなって、かゆい目
hit in：～に始まる
bloom：開花期

ミズーリ州セントルイスに住むクリス・ダウンズさんには、彼が呼吸困難や頭痛、目が赤くなりかゆくなるという問題を抱えていることを証明する研究は必要ありません。彼のアレルギー症状は以前はいつも 3 月に始まっていました。しかし 2 年前からは草木の開花と同時に、2 月上旬には始まるようになりました。

"As a kid I never saw anything start blooming in February," Downs said, "Now I see a handful of years like that."

For Amir Sapkota, this is not just a matter of sneezing and watery eyes. There are more serious health concerns. The University of Maryland scientist said the pollen is a risk for other diseases including asthma.

She told the AP, "Asthma costs the U.S. economy an estimated $80 billion per year in terms of treatment and loss of productivity." So, a longer pollen season is a threat to both "individuals suffering from allergies as well as the U.S. economy."

There are other problems as well. Sapkota recently found a connection between earlier spring allergies and an increased risk in asthma hospitalizations. Another study, Anderegg said, found that students do worse on tests because of pollen levels.

The U.S. Centers for Disease Control and Prevention has some advice on how to protect yourself against pollen:

- Take your allergy and/or asthma medications as advised by your health care provider.
- Do not touch your eyes while you are outside.
- Wash after being outside to remove pollen from your skin and hair.
- Change your clothes after being outdoors.
- Keep windows closed during pollen season.

And that's the Health & Lifestyle report. I'm Anna Matteo.

「子どもの頃、2月に何か花が咲き始めるのを見たことはありませんが、最近はそういう年を幾度か経験しています」とダウンズさんは語っています。

アミール・サプコタさんにとって、これは単にくしゃみや涙目だけの問題ではありません。もっと深刻な健康上の問題があるのです。メリーランド大学のこの科学者は、花粉は喘息などの病気を引き起こす危険要因だと指摘します。

sneezing：くしゃみ
watery eyes：涙目
health concern：健康への懸念
risk：危険要因
asthma：喘息

サプコタさんはAP通信の取材に対して、「喘息は医療費が増えて生産性が低下するという点で、アメリカの財政に推定で年間約800億ドルの負担をかけているのです」と語っています。したがって花粉シーズンが長くなることは「アレルギー患者とアメリカ経済」の両方にとって脅威だというのです。

in terms of：～の点［観点］から
treatment：治療
productivity：生産性
threat：脅威

part
3
地球

このほかにもいくつか問題があります。サプコタさんは最近、アレルギー症状が早春に始まることと、喘息による入院の可能性が高くなっていることに関係があることに気づきました。アンデレッグさんによると、別の研究では花粉濃度が高いために学生たちのテストの成績が悪くなることがわかっています。

hospitalization：入院
do worse on the test：テストでいつもより悪い点数をとる

米国疾病管理予防センターは、花粉から身を守るために以下のようなアドバイスをしています。

U.S. Centers for Disease Control and Prevention：
アメリカ疾病対策予防センター
（CDC）

- かかりつけ医に言われたとおりに、アレルギーや喘息の薬を服用してください。
- 戸外では目にさわらないようにしましょう。
- 外から帰ったら、肌や髪についた花粉を洗い流しましょう。
- 戸外で過ごしたあとは着替えましょう。
- 花粉シーズン中は窓は閉めておきましょう。

これで「健康とライフスタイル」レポートを終わります。アンナ・マテオがお届けしました。

US Could Consider Protections for 'Climate Refugees'

アメリカは「気候変動難民」の保護を検討

気候変動が引き起こす自然災害により、年々住む場所を奪われる人が発生しています。この記事では、そのような「気候変動難民」の保護をアメリカが検討し始めたことを報じています。気候変動による難民は、どのように生じているのでしょうか。

🔊 23

The U.S. government is considering a plan that would offer protections to people coming into the country to flee areas threatened by climate change.

No country offers asylum or other legal protections to people displaced specifically because of the effects of climate change. President Joe Biden's administration is studying such a plan.

Biden issued an executive order in February that instructed his national security advisor, Jake Sullivan, to discuss with federal agencies how such protections could be created. His discussions are expected to center on how the U.S. could identify and resettle people displaced directly or indirectly by climate change. A report on the discussions is expected in August.

A recent report by the World Meteorological Organization found that since 2010, about 23 million people a year have been displaced by drought, rising sea levels and other climate caused disasters. The United Nations says there may be as many as 200 million climate-displaced people worldwide by 2050.

https://learningenglish.voanews.com/
a/us-could-consider-protections-for-
climate-refugees-/5864464.html

part
3

地球

climate refugee：気候変動難民
（気候変動によって引き起こされる
自然災害のために移住を余儀なくさ
れる人たち）
flee：逃げる、逃れる
threaten：おびやかす
asylum：亡命
legal protection：法的保護
displaced：移動 [移住] させられる
administration：政権、政府
issue：（声明・命令などを）出す
executive order：大統領令
federal agency：連邦政府機関
identify：定義する、特定する
resettle：（難民など）を再定住さ
せる

**World Meteorological
Organization (WMO)**：世界気
象機関（国連の専門機関の一つ。国
際間の協力のもとに気象観測業務の
標準化や迅速な気象情報の伝達に関
する活動を行う）
drought：干ばつ

アメリカ政府は、気候変動の脅威にさらされている
地域から避難して入国してくるたちの保護対策を検
討しています。

気候変動の影響というだけの理由で国を逃れてきた
人たちに、亡命を認めたり法的保護を提供したりす
る国はありません。バイデン政権はそのような政策
を検討しているのです。

バイデン大統領は 2021 年 2 月に大統領令を出して、
ジェイク・サリバン大統領補佐官（国家安全保障担当）
に、そのような保護政策を可能にするにはどうすれ
ばよいかを連邦諸機関と議論するよう指示しました。
議論の焦点は、気候変動によって直接または間接的
に移住を余儀なくされた人たちを、アメリカはどの
ように特定し定住させるかに当てられると思われま
す。議論の結果報告は 8 月になされる予定です。

世界気象機関（WMO）の最近の報告によると、
2010 年以降干ばつや海面上昇など気候変動に起因
する自然災害によって、毎年約 2,300 万人が移住を
余儀なくされています。国連は 2050 年までに世界
全体で 2 億人もの「気候変動難民」が発生するかも
しれないと予測しています。

The plan to offer protections to people fleeing climate change-related events is supported by Democratic Senator Edward Markey of Massachusetts. He plans to reintroduce legislation to address the lack of protections for those who do not fit the narrow definition of "refugees" under international law.

"We have a greater chance now than ever before to get this done," Markey said in a statement to The Associated Press. He said this is because Biden is good at climate diplomacy and has a great awareness of the climate problems facing the world.

Political experts say such legislation is likely to face a lot of opposition. One problem would be how to define a climate refugee when natural disasters and violence often both happen in areas people are fleeing, such as Central America.

If the U.S. did define a climate refugee, it could mark a major change in refugee policies worldwide. Supporters of such a plan say it would make sense for the U.S. to lead the way.

Democratic Senator
Edward Markey：民主党のエド
ワード・マーキー上院議員
reintroduce legislation：法案
を再提案する
address：（仕事・問題などに）
対処する［取り組む］

Associated Press：AP 通信
climate diplomacy：気候変動
外交
awareness：意識、認識

define：定義する、特定する

mark：記録する
refugee policy：難民政策
make sense：理にかなう、当然
である

気候変動に起因する自然災害から避難してくる人た
ちに保護を提供する、というこの計画を支持するの
は、民主党のエドワード・マーキー上院議員（マサ
チューセッツ州出身）です。マーキー氏は、国際法
における「難民」という狭い定義に当てはまらない
人たちへの保護が欠けていることに対処するための
法案を再提出するつもりです。

「今はこれを成し遂げるための、これまでにない機会
なのです」と、マーキー氏は AP 通信に送った声明
の中で述べています。彼はそう考えた理由を、バイ
デン大統領は「気候変動外交」に卓越しており、世
界が直面している気候問題を深く認識しているから
だと説明しました。

政治の専門家たちは、そのような立法行為は多くの
反対に遭う可能性が高いと言います。問題の一つに
は、中央アメリカなど人々が避難を余儀なくされて
いる地域では自然災害と暴力がしばしば同時に発生
しており、その場合には「気候変動難民」をどう特
定するかというものがあります。

アメリカが「気候変動難民」を実際に特定したら、
それは世界の難民政策における大きな変換点となる
でしょう。そのような政策の支持者たちは、アメリ
カがこういった形で（世界の難民政策を）リードす
るのは理にかなっていると語ります。

part **3** 地球

"No nation in the world has taken the leadership to address this reality, which we face today," said Krish Vignarajah. She heads the Lutheran Immigration and Refugee Service. "It's not an issue that we can punt to 20, 30 years from now," she told the AP. "Our hope is the U.S. can take strong action that will produce a domino effect on other nations."

A study by university researchers in the U.S. suggests climate change is moving away from a migrant population of mainly men seeking better economic situations to families fleeing hunger.

Researchers at Duke University and the University of Virginia studied migration out of Central America. The study involved data on about 320,000 Hondurans caught at the U.S.-Mexico border from 2012 to 2019. The information showed that the individuals were largely from violent, agricultural areas that were also experiencing their lowest rainfall in 20 years.

Lutheran Immigration and Refugee Service：ルーテル移民難民サービス（アメリカに入国を希望する移民や難民を支援する非営利団体）

punt：（問題解決などを）先に延ばす、先送りする

domino effect：ドミノ効果（一つの行動を変えたことで連鎖反応が起こり、ほかの行動も変わること。連鎖反応）

migrant population：移民人口

Honduran：ホンジュラス人（ホンジュラス〔Honduras〕は中央アメリカ中部の共和国。北と東はカリブ海、南はフォンセカ湾を経て太平洋に面し、国境をグアテマラ、エルサルバドル、ニカラグアと接する）

「世界のどの国も、今日私たちが直面しているこの現実に取り組むためにリーダーシップをとったことはありません」と語るのは、ルーテル移民難民サービスのクリシュ・ビグナラジャ会長です。彼女は AP 通信に「これは今後 20 〜 30 年間、放っておける問題ではありません」と語っています。「アメリカが強い行動に出て、それが他の国にドミノ効果をもたらしてくれるのを私たちは期待しています」。

アメリカの大学の研究チームが実施した調査によれば、よりよい経済状態を求める男性たちが大半であった移民人口は、気候変動ゆえに飢えから逃れてくる家族へと変わってきているとのことです。

デューク大学とバージニア大学の研究チームは中米からの移民について調査しました。調査にはアメリカとメキシコの国境で 2012 〜 2019 年に拘束されたホンジュラス人約 32 万人についてのデータが用いられました。その情報から彼らのほとんどが暴力が多発する農業地域の出身で、そこでは降雨量がこの 20 年間で最も少なかったこともわかりました。

part
3

地球

While the study found that climate change is a driving force, there remains little political will to help climate migrants, said the study's co-writer, David Leblang. He is a professor of politics and policy at the University of Virginia.

"As a political scientist, I would say the chances of this happening right now are close to zero," he said. Some experts say political pressure may lead Biden to drop the idea after the number of people stopped by the Border Patrol last month hit a 20-year high.

The mayors of several U.S. cities, including Los Angeles, New York and San Diego, wrote a letter to President Biden about the issue. It urges Biden to include the mayors in discussions about the plans so they can help come up with the right possible solutions to protect climate migrants.

In New Zealand, a new government in 2017 tried offering humanitarian visas to Pacific Islanders affected by climate change. The program aimed to let in about 100 people a year. Six months later, the plan was dropped. New Zealand's Climate Change Minister said the government decided instead to center on reducing emissions so people do not become displaced.

I'm Bryan Lynn.

driving force：原動力、最も大きな要因
political will：政治的意思（何か政策を立て実行するという政府の強い意図・約束）

drop：やめる、取り下げる
Border Patrol：国境警備隊

mayor：市長

urge：訴える
come up with：（計画などを）思いつく
solution：解決策

humanitarian visas：人道ビザ（難民を迫害から保護するという国際的責務を果たすために発行されるビザ）
Pacific Islander：太平洋の島嶼（とうしょ）国の国民
center on：〜に集中する［重点を置く］
reduce：減少させる、削減する
emission：（大気中へのガスなどの）排出

この調査によって気候変動が（移住のための）最大の要因だとわかったとしても、気候変動難民を支援する政治的意思は今もほとんどないままだ、と語るのは同調査報告の共同執筆者デビッド・レブラング氏です。レブラング氏はバージニア大学で政治と政策を研究する教授です。

「政治学者の私には、そのようなことが今すぐ起こる可能性はゼロに近いとしか言えません」とレブラング氏は述べています。一部の専門家は先月、国境警備隊に（メキシコ国境で）入国を阻止された不法入国者はこの 20 年間で最多を記録したことを考えると、バイデン大統領は政治的圧力によってこの計画をあきらめることになるかもしれないと述べています。

アメリカのいくつかの都市、ロサンゼルス、ニューヨーク、サンディエゴなどの市長は、この案件についてバイデン大統領に書簡を送りました。その書簡では、気候変動難民を保護するための適切かつ可能な解決策を見出すのに協力できるように、この政策についての討議に参加させてくれるようバイデン大統領に要請しています。

ニュージーランドでは 2017 年に誕生した新政府が、気候変動の影響を受けている太平洋島嶼国の住民に人道ビザを発行することを検討しました。その計画では年間約 100 人を受け入れることを目指していました。しかし 6 カ月後にその計画は取りやめになりました。ニュージーランドの気候変動担当大臣はその理由を、政府はそれよりも（二酸化炭素）排出量の削減に集中し、島民たちが移住しなくてもすむようにするつもりだと述べました。

ブライアン・リンがお伝えしました。

持続可能な開発のために海洋・海洋資源を保全し、持続可能な形で利用する

Conserve and sustainably use the oceans, seas and marine resources for sustainable development

　SDGs の 14 番目は、海洋の持続可能な利用についての目標です。この目標では、①海洋環境の改善と②海洋生態系の保全という、同時かつ別々の対処が必要とされています。

　海洋環境の改善について、日本では年間数百万トンとも言われる海洋プラスチックごみの流出が問題となっています。2019 年にはその対策として、レジ袋が有料化されました。また、「その国の海洋がどれだけ健全に使える状態か」を 0 〜 100 の数値で表す**海洋健全度指数（Ocean Health Index: OHI）**に関して、日本は 2020 年現在 74 と世界平均の 72 を上回っていますが、**排他的経済水域（Exclusive Economic Zone: EEZ）**を持つ 221 カ国の中で 75 位とやや低いランクに位置しています。特に海産物の持続可能な手段による供給に対して低いスコアがついている状態[1]で、さらなる対策が必要とされています。

14.1　2025 年までに、**海洋デブリ（marine debris）**や**栄養素汚染（nutrient pollution）**を含む、あらゆる種類の海洋汚染、特に陸上活動による汚染を予防し、大幅に削減する。

14.2　2020 年までに、**海洋及び沿岸の生態系（marine and coastal ecosystems）**に関する重大な悪影響を回避するため、強靱性（レジリエンス）の強化などによる持続的な管理と保護を行い、健全で生産的な海洋が実現できるよう、海洋及び沿岸の生態系の回復に向けた取組を行う。

（外務省作成の仮訳より一部変更して引用）

[1]　OHI は 10 のカテゴリで構成されており、他にも生物多様性の保全状況や観光への利用度合いなどにスコアがつけられている。海産物の持続的な供給（Food provision）については、世界平均が 51 のところ日本は 35（169 位）となっており、特に過剰漁獲が問題となっている（海面養殖のスコアでは世界平均が 7 のところ、日本は 31 で 24 位）。また海洋観光産業の持続可能性も、世界平均が 52 のところ日本は 24（150 位）と低いスコアとなっている。

海は魚がとれたり観光資源として活用されたりするだけでなく、人間活動により排出される二酸化炭素や多様なごみを受け止めてくれる存在です。これからもその海を守るために、海との付き合い方を考えていかなければなりません。

　海洋ごみをはじめとした**海洋汚染（marine pollution）**の改善は、世界的にも**海洋生態系（marine ecosystem）**の保全のために重要視されています。また CO_2 排出による海洋の**酸性化（acidification）**の改善や、**生物多様性（biodiversity）**の保護のために**海洋保護区（marine protected areas）**の設定も必要とされています。

　この目標 14 の進捗に大きな影響を受けるものに、**水産養殖業（aquaculture）**があげられます。お店でよく買われる養殖魚を安定供給するためにどのような取り組みが行われているかを意識することで、海洋環境改善の取り組みに関する英語ニュースも理解しやすくなるのではないでしょうか。

ピックアップ　テーマ 🔨 を深掘るキーワード

海洋環境から得られる恵み

mariculture 海面養殖業

aquaculture 水産養殖業（淡水魚も含む）

fish stocks 水産資源

artisanal fishing 零細漁業（地元での消費を主な目的とした小規模漁業）

Key Biodiversity Area (KBA) 生物多様性保全において重要となる地域

海洋環境をおびやかす現象

nutrient pollution 栄養素汚染（海や湖沼などに窒素化合物やリンなど、プランクトンの栄養素が多量に流れ込むこと）

eutrophication 富栄養化（海や湖沼などに栄養素が流れ込み、水中の栄養濃度が上昇すること。プランクトンの異常増殖や水中酸素の異常消費などを引き起こし、生態系に悪影響を与える）

ocean acidification 海洋酸性化（海水のアルカリ性が弱まることで、サンゴの白化など生態系の破壊につながる）

海洋環境をおびやかす人間の活動

illegal, unreported and unregulated fishing IUU 漁業（違法・無報告・無規制で行われている漁業）

overfishing 乱獲、過剰漁獲（その水域での持続的な漁獲が不可能になるほどの漁獲）

overcapacity 過剰な漁獲能力（持続的な漁獲が不可能になる規模までの漁獲能力を持つこと）

fisheries subsidies 漁業補助金（環境を破壊する過剰漁獲能力の維持につながるとして、規制が求められている）

marine debris 海洋ごみ、漂着ごみ

trawling 底引き網漁

Condition of Oceans Affects Human Health

海の健全さが人間の健康にも影響する

　さまざまな恵みをもたらしてくれる海の「健全さ」を、気にしたことはありますか。この記事ではその健全さを計る指数、また海の生き物から得られる「薬」を紹介しています。海が健全であれば、私たちはどんな健康を手に入れられるのでしょうか。

🔊 24

From VOA Learning English, this is SCIENCE IN THE NEWS in Special English. I'm Shirley Griffith.

And I'm Christopher Cruise. Today, we tell about a new way to measure the health of the world's oceans. We also tell about efforts to develop medicines from underwater organisms. And we tell about a newly identified species found in the Caribbean Sea.

A new system has been developed to measure the health of the world's oceans. Scientists say the system will change the way we think about oceans and how they affect our lives. It is called the Ocean Health Index. The index is designed to tell if anything is wrong with the oceans and, if so, what can be done about it.

Greg Stone is chief ocean scientist for the environmental group Conservation International. He is also vice-chairman of the Global Agenda Council on Oceans at the World Economic Forum.

https://learningenglish.voanews.com/a/
condition-of-the-oceans-affects-human-
health/1537496.html

measure：測定する
underwater organism：深海
生物
species：（生物）種
Caribbean Sea：カリブ海

Ocean Health Index：海洋健全
度指数（世界の沿岸地域、各国の排他
的経済水域ごとに、海の健全度を評価
することを目的に発表されている評価
スコアで、満点は 100）
**Global Agenda Council on
Oceans**：海洋に関するグローバル・
アジェンダ・カウンシル（世界中の
課題について専門家が討議する世界
経済フォーラムの協議会の一つ）
World Economic Forum：
世界経済フォーラム（世界が直面す
るさまざまな問題について議論する
「ダボス会議」の主催団体）

こちらは VOA Learning English がお届けするスペ
シャル・イングリッシュの「科学ニュース」です。
シャーリー・グリフィスがお送りします。

また、私クリストファー・クルーズからもお送りします。
今日は世界中の海の健全さを測定する新たな方法につ
いてお伝えします。深海生物から医薬品を開発する取
り組みについてもご説明します。そしてカリブ海で発
見され新種と確認された生物についてお話しします。

世界の海の健全性を測るための新しい方法が開発さ
れました。科学者たちはこの方法によって、海洋に
ついての私たちの考え方と、私たちの生活へ海洋が
及ぼす影響の仕方が変わるだろうと言っています。
これは海洋健全度指数と呼ばれるものです。この指
数は、海洋に何か問題があるかどうか、もし問題が
あればそれに対してどう対処できるかを示すように
設計されています。

グレッグ・ストーン氏は、環境保護団体コンサベー
ション・インターナショナルの主任海洋研究員です。
彼はまた、世界経済フォーラムの「海洋に関するグ
ローバル・アジェンダ・カウンシル」の副議長でも
あります。

part
3

地球

"The Ocean Health Index is the first global, totally scientific and transparent measure of ocean health that we've ever had. It's meant to guide policymakers and the public to the underlying importance that the oceans are the life support system of the Earth and that we'd better take care of them if we are to survive on this planet."

Greg Stone spoke to VOA from the Cook Islands in the South Pacific. Representatives from sixteen island nations met there earlier this year to talk about caring for the ocean. Mr. Stone says oceans are the Earth's most important resource.

"You can't manage anything that you can't measure. So, like any good portfolio investments, if you want to make sure you are prospering and you're taking care of your investments — and believe me, the health of our planet is no greater investment that there could be — you need a metric in order to measure it and see that we have a sustainable relationship with this resource on an ongoing basis."

He says the Ocean Health Index will help end a lot of ignorance about the seas.

"You may have heard from one source or another that, 'Oh, hey, the oceans are in trouble' and you say 'Why are they in trouble?' And then somebody says 'Well, the coral reefs are dying.' And then the next day someone will tell you that 'the tuna fish are all gone' or 'the haddock are all gone' or 'the halibut are all gone.' And you say 'Oh OK, I hear that.' And then someone else will say 'The oceans are turning acidic' — which they are. It's been a very confusing landscape of information."

transparent：透明性のある

policymaker：政策立案者
underlying：根本的な

「海洋健全度指数は、海洋の健全さを測るために今回初めて作成された、国際的で完全に科学的で透明性の高い尺度です。これは政策立案者や一般市民に、この惑星で生きていくつもりならば、海洋こそ地球の生命維持装置であり、海洋を保護すべきだという根本的な重要性に気づいてもらうことを目的としているのです」

Cook Islands：クック諸島（南太平洋のニュージーランド領の群島）

グレッグ・ストーン氏は南太平洋のクック諸島からVOA に話をしてくれました。今年の初め、16 の島国の代表者が集まり、海洋の保護について話し合いました。ストーン氏は、海洋は地球で最も重要な資源であると言います。

portfolio investment：資産運用投資
make sure (that)：〜であることを確実にする
prosper：成功する、繁栄する
metric：測定基準
sustainable：持続可能な
on an ongoing basis：継続的に、絶えず
ignorance：無知

「測定できないものは管理することができません。ですから、優れたあらゆる資産運用投資と同様に、自分が確実に成功し、投資金をうまく管理したいと望むなら——そしてこれは請け合いますが、私たちの惑星の健全性ほど重要な投資先はありません——それ（海洋の健全性）を測定して、常に私たちがこの資源と持続可能な関係を保っていることを確認するための測定基準が必要なのです」

彼は、海洋健全度指数が海洋に関する多くの無知を解消するのに役立つと言います。

coral reef：サンゴ礁

haddock：コダラ
halibut：オヒョウ

acidic：酸性の
landscape：状況

「おそらくいくつかの情報源から『おやまあ、海が大変なことになっている』という声を聞いたことがあり、あなたは『なぜ大変なのですか？』と尋ねるかもしれません。すると誰かが『それは、サンゴ礁が死にかけているからですよ』と言います。そして次の日には、誰かがあなたに『マグロがすっかり姿を消してしまった』とか『コダラがまったくいなくなった』『オヒョウがどこかへ行ってしまった』などと言うでしょう。あなたは『ああ、なるほど、そのようですね』と言います。すると今度は、また別の誰かが『海が酸性化しつつあるのです』と言うでしょう——確かにそのとおりなのですが。今までは、このように情報がまったく整理されてませんでした」

And he says whether you live in the United States or in the middle of Africa, you should care about what happens to the oceans.

"Most of the oxygen that you breathe comes from the ocean. The oceans are the primary climate adaptation system. They absorb carbon. Hey, listen, if you want to know what the Earth would be like without an ocean you've got plenty of examples in our solar system — all those hot, dusty, dry, cold inhospitable places are basically that way because they do not have a liquid ocean to provide all these benefits, including food. One out of four people on the planet get their daily source of protein from the ocean."

The Ocean Health Index uses two hundred separate measurements. Once a year, scientists will use it to announce whether the oceans successfully passed the test.

People have looked to nature for medicines since ancient times. And modern scientists have searched the world's rainforests for new medicines. But the ocean may be an even better source. At least twenty-six drugs that come from sea organisms are currently being used or developed. And a new generation of chemists hopes to increase that number.

Chemist Mande Holford has an unusual partner in her hunt for new medicines: a fierce, little snail that eats fish. But she admits that her studies of the creature are not all scientific.

"I fell in love with snails because their shells are gorgeous."

Yet the tongue-like proboscides of the snails are deadly. They inject their victims with venom made of poisonous chains of amino acids called peptides.

彼はまた、あなたがアメリカに住んでいようが、アフリカ大陸の中央部に住んでいようが、海洋に起こっていることを気にかけるべきだと言います。

adaptation：調整、適応、順応
absorb：吸収する

「あなたが吸う酸素の大部分は海洋で生み出されています。海洋は、最も重要な気候調整装置なのです。海洋は炭素を吸収します。いいですか、海洋がなければ地球がどのようになるかを知りたければ、私たちの太陽系には数多くの実例があります——暑く、ほこりっぽくて、乾燥しており、寒すぎて住めない場所がどれもそのような状態にあるのは、食料を含めいろいろな便益を与えてくれる液体の海が存在しないからです。地球にいる人間の4人に1人は、1日分のタンパク質を海から得ているのです」

solar system：太陽系
inhospitable：荒れ果てた、住み難い

海洋健全度指数は、200項目の個別の尺度を用いています。年に一度、科学者たちがこの尺度を使って、海洋が試験に首尾よく合格したかどうかを発表します。

人は古代から薬を求めて自然界に目を向けてきました。そして現代の科学者たちは、世界中の熱帯雨林で新薬を探してきました。しかし、海洋はさらに優れた供給源かもしれません。現在、海洋生物に由来する少なくとも26種類の薬が使われていたり開発されていたりします。そして、新しい世代の化学者は、その数をさらに増やせると考えています。

rainforest：熱帯雨林

sea organism：海洋生物
chemist：化学者

化学者のマンデ・ホルフォード氏は、新薬を探求する上で、風変わりなパートナーを持っています。それは、魚を食べるどう猛な小型のカタツムリです。ですが彼女は、この生物を研究しているのは、科学的な興味だけではないことを認めています。

snail：カタツムリ

「私は、このカタツムリの殻が豪華だったので、一目ぼれしたんです」

それでも、このカタツムリの頭部にある舌のような長い突起はまさに凶器です。彼らはペプチドと呼ばれる、毒性のアミノ酸結合でできた毒液を獲物に注入します。

proboscides：口の周辺の長い突起、吻（ふん）。単数系は proboscis
venom：毒（液）
peptide：ペプチド（複数のアミノ酸が連なった化合物）

"What I like to say is that the snails produce sort of a cluster bomb. Inside of each venom, you have between fifty to two hundred peptides, and all of those peptides target something major along the nervous system. One thing that they hit is a pain signal. When they silence the pain signal, the prey doesn't go into fight or flight mode."

So the fish stays calmer than it normally would, even as it is being eaten! Mande Holford says chemists have already had one major success using the snail's peptides. It is a drug called Prialt. It eases pain for people with cancer and HIV, the virus that causes AIDS.

"On your neurons, you have these 'gates' that allow things to pass back and forth. The gate that controls chronic pain, they found a way to shut it down using one of the peptides."

At first, Mande Holford may have wanted to study snails because of their beauty. But she is part of a larger movement toward marine, or undersea, research.

David Newman directs the Natural Products Branch of America's National Cancer Institute.

"We've found some absolutely fascinating chemistry."

After years of collecting organisms on land, Mr. Newman's team now collects only sea creatures such as sponges or corals. He says that because these creatures cannot move, they use chemicals to fight.

cluster bomb：クラスター爆弾（それ自体に多数の子爆弾を内蔵した爆弾）

pain signal：痛みの信号、痛みを感じる信号
prey：獲物
fight or flight mode：生物が戦うか逃げるかを迫られたときの態勢

Prialt：プリアルト。鎮痛剤の一種で、一般名はジコノチド

neuron：ニューロン（神経細胞と神経突起の総称）
chronic：慢性の

Natural Products Branch：天然物部門
National Cancer Institute：（米国）国立がん研究所
chemistry：化学成分

sponge：海綿

part 3 地球

「私が言いたいのは、このカタツムリが一種のクラスター爆弾を作り出すということです。毒液の中には50から200のペプチドが含まれ、そのペプチドはすべて、神経系に沿った主要な部位を標的としています。それが作用するものの一つは、痛みの信号です。ペプチドが痛みの信号を消してしまうと、獲物は戦う態勢にも逃げる態勢に入らないのです」

そのため、魚は捕食されている最中でさえ、普段よりもおとなしくしています。マンデ・ホルフォード氏によると、化学者たちがカタツムリのペプチドを使ってすでに一つの大きな成果を上げているそうです。それはプリアルトと呼ばれる薬品です。これはがんや、エイズの原因となるウイルスであるHIVを持つ患者の痛みを和らげてくれます。

「あなたのニューロンには、物質を行き来させる『ゲート』があります。慢性的な痛みをコントロールするのがこのゲートですが、化学者たちはペプチドの一つを使ってそれを遮断する方法を発見したのです」

当初マンデ・ホルフォード氏は、このカタツムリの美しさからそれを研究したいと思ったのかもしれません。しかし彼女は海洋研究、もしくは海底研究に向けたより大きな動きの一翼を担っています。

デビッド・ニューマンは、アメリカの米国国立がん研究所の天然物部門を統括しています。

「私たちは、この上なく魅力的な化学成分をいくつか見つけました」

ニューマン氏の研究チームは何年にもわたって陸上で生物を収集した後で、現在では海綿やサンゴなどの海洋生物だけを収集しています。彼によると、こうした生物は動くことができないので、敵と戦うために化学物質を使うそうです。

"I have been known to say that weapons of mass destruction are alive and well on a coral reef, if you happen to be a fellow sponge who's trying to encroach someone's territory or you're a starfish that's trying to eat the sponge. These are extremely toxic agents because of the dilution effect of seawater."

For an organization looking for ways to kill cancerous cells, such powerful chemicals are an inviting weapon.

William Fenical directs the Center for Marine Biotechnology and Biomedicine at the Scripps Institute for Oceanography in California. He says that about nine kilometers underwater lies what may be an even more promising source of medicine — mud.

"Close to seventy percent of the surface of the earth is really deep ocean mud."

His team studies microorganisms living on the ocean floor.

"These muds contain about one billion cells in the volume of a sugar cube."

For comparison, that is one-million times the organic matter you are likely to find in a similar amount of soil on land. The large number of sea creatures excites Mr. Fenical.

"For the last fifty years, microorganisms that occur on land have been exploited for the production of antibiotics, cancer drugs, and cholesterol-lowering drugs. What we believe is that the ocean is a completely new resource for such microbial products."

His team already has two drugs in development. And he believes there will be many discoveries of ocean-based medicines.

weapon of mass destruction：大量破壊兵器
alive and well：まだ存在して、健在で
encroach：侵入する
toxic：毒性のある
agent：作用物質、媒介物
dilution：希釈、薄めること
cancerous：がんの
inviting：魅力的な

Center for Marine Biotechnology and Biomedicine：海洋バイオテクノロジー・生物医学センター
Scripps Institute for Oceanography：スクリップス海洋研究所

microorganism：微生物

for comparison：ちなみに、比較のために

exploit：利用する、役立てる
antibiotic：抗生物質

「これは私の口癖なのですが、あなたが別の個体の縄張りに侵入しようとしている海綿だったり、海綿を捕食しようとしているヒトデだったりした場合、サンゴ礁には大量破壊兵器が今まさに存在しているのです。これらは海水による希釈効果を考慮すると、非常に毒性が高い物質です」

がん細胞を死滅させる方法を探している組織にとって、そのような強力な化学物質は魅力的な武器です。

ウィリアム・フェニカル氏は、カリフォルニアのスクリップス海洋研究所の海洋バイオテクノロジー・生物医学センターを統括しています。彼は、深さ約 9,000 メートルの水中には、さらに有望な薬の原料となるかもしれないもの――泥――があると言います。

「地球の表面の 70 パーセント近くは、実際には深海の泥なのです」

彼のチームは海底に生息する微生物を研究しています。

「こうした泥には、角砂糖くらいの体積に約 10 億個の細胞が含まれています」

ちなみに、これはあなたが陸上の同じ量の土壌の中で見つけられそうな有機物の 100 万倍です。この海洋生物の多さがフェニカル氏を興奮させています。

「過去 50 年間、陸上で見つかる微生物は抗生物質や抗がん剤、コレステロールを下げる薬などの製造に利用されてきました。私たちが確信しているのは、海洋はそのような微生物製品のまったく新しい資源であるということです」

彼の研究チームは、すでに二つの薬を開発中です。そして彼は今後、海洋由来の薬が数多く発見されるだろうと考えています。

A small blood-sucking crustacean has been discovered in the Caribbean waters off the Virgin Islands. The creature may help increase scientists' understanding of how disease is passed among marine animals.

The new species is called Gnathia marleyi. It was named for the reggae star Bob Marley. Paul Sikkel is a marine biologist at Arkansas State University. He says the species is the first new find in the crustacean-like gnathiid family in twenty years.

"What's interesting about them is that they're only parasitic in the juvenile stage. So they only feed when they are juveniles, and they go through three different juvenile stages — one bigger than the other, each bigger than the other. And they look a little bit like, like ticks or fleas. They look very similar to, you know, to terrestrial blood feeding organisms."

Paul Sikkel captured the juvenile marleyi at what researchers call a "cleaning station." That is a place on the coral reef where big fish gather so smaller fish and shrimp can eat parasites that have joined to their skin. Parasites depend on other creatures for food and shelter. However, the adult male marleyi do not eat. They just mate and die.

Mr. Sikkel studied the species in a laboratory.

"Adult males look a little bit like bulldozers. They have square heads, and they have these pincers on their head and they are very cool-looking. And the females — small head and a really big body that's full of eggs."

blood-sucking：吸血性の
crustacean：甲殻類
Virgin Islands：ヴァージン諸島
（西インド諸島北東部にある群島）

Gnathia marleyi：グナシア・
マーリー（ウミクワガタの一種）
reggae：レゲエ（ジャマイカ発祥
のポピュラー音楽の一分野）
Bob Marley：ボブ・マーリー
（ジャマイカ出身のレゲエ音楽家）
gnathiid：ウミクワガタ
parasitic：寄生性の、寄生虫の
ような
juvenile：未熟な、幼い

ticks：ダニ
fleas：ノミ
terrestrial：（生物が）陸生の

cleaning station：クリーニング・
ステーション（寄生虫などを食べる生
物が住んでいて、魚が体をきれいにし
てもらうために集まってくる場所）

mate：（動物が）交尾をする

pincers：（カニやエビなどの）
はさみ

小型の吸血甲殻類がヴァージン諸島沖のカリブ海で
発見されました。この生物のおかげで、海洋動物の
間で病気がどのように伝染するのかについて科学者
の理解が深められるかもしれません。

この新種はグナシア・マーリーと呼ばれます。レゲ
エ界のスター、ボブ・マーリーにちなんで名づけら
れました。ポール・シッケル氏は、アーカンソー州
立大学の海洋生物学者です。彼によると、この生物
種は甲殻類のようなウミクワガタ科としては 20 年
ぶりの新発見だそうです。

「この生物の興味深い点は、それが未成熟な段階で
のみ他の生物に寄生するということです。したがっ
て、それは幼いときにのみ餌を食べ、3 段階の異な
る幼生期を経験します――段階をおって次第に大き
くなるのです。そして、それはダニやノミに少し似
ています。それらは、そうですね、陸生の吸血性生
物にとてもよく似ています」

ポール・シッケル氏は、研究者たちが「クリーニング・
ステーション」と呼んでいる場所で、幼生のマーリ
ーを捕獲しました。そこは、大型の魚が集まるサン
ゴ礁の一画で、そこで体の表面に付着した寄生虫を
小魚やエビに食べてもらうのです。寄生虫は他の生
き物のおかげで食物と住みかを得られます。しかし、
成体のオスのマーリーは何も食べません。彼らはた
だ交尾して死ぬだけです。

シッケル氏は実験室でこの生物種を研究しました。

「成体のオスは姿がブルドーザーに少しばかり似て
います。彼らは正方形の頭部を持ち、その頭にはさ
みがあって、見た目がとても格好いいのです。そし
て、メスは頭部が小さく、卵で膨らんだとても大き
な胴体を持っています」

part
3
地球

About eighty percent of all organisms found on coral reefs are parasites. Gnathiids are among the most important parasites in the oceans. Mr. Sikkel says the levels of gnathiids can show how healthy a reef is. In some waters, he is seeing fish more heavily covered with gnathiids — marleyi among them.

"Too many gnathiids hurt the fish and too little coral, we think, leads to more gnathiids. So in a, in a nice healthy, you know, coral-rich environment, we don't find very many gnathiids — fish, you know, just get a few of them. But in areas where there isn't much live coral, there are a lot more gnathiids and the fish get much heavier loads on them."

Mr. Sikkel suspects that Gnathia marleyi may also be important in passing a malaria-like fish disease that weakens the animal's natural defenses. His team is currently studying whether this pathogen is also present in the Caribbean.

"And then from there, once we find the species of fish that are infected, then we'll do experiments to determine whether or not the gnathia marleyi actually plays a role in transmitting those blood-born organisms."

Paul Sikkel hopes his discovery will lead to more information about parasites and the effect they can have on marine environments.

サンゴ礁で見られるすべての生物のおよそ 80 パーセントは寄生虫です。ウミクワガタは、海洋で最も重要な寄生虫の一つです。シッケル氏は、ウミクワガタの数は、サンゴ礁がどれほど健全であるかを示すものだと言います。いくつかの海域で、彼は大量のウミクワガタ、とりわけマーリーに覆われた魚を観測しています。

「私たちは、ウミクワガタが多すぎると魚が傷つき、サンゴが少なすぎるとウミクワガタが増えると考えています。ですから、健全で、そう、珊瑚が豊富な環境では、ウミクワガタはそれほど多くは見つかりません。魚にも、そう、ほんのわずかしか付着していません。しかし生きているサンゴがあまりいない海域では、ウミクワガタがはるかに多く、魚にはそれがびっしりと付着しています」

part 3 地球

シッケル氏は、グナシア・マーリーが、魚の自然免疫機能を弱めるマラリアに似た病気を伝染させるのにも重要な役割を果たしている可能性があると考えています。彼の研究チームは現在、この病原体がカリブ海にも存在するかどうか研究しています。

natural defense:自然免疫（機能）
pathogen：病原体

infect：感染させる

blood-born：血液感染性の

「そしてそこから感染している魚の種を見つけたら、グナシア・マーリーが実際にそれらの血液感染性の生物を伝染させる役割を果たしているのかどうか、判定するための実験を行うつもりです」

ポール・シッケル氏は、彼の発見が寄生虫と、海洋環境に寄生虫が及ぼす影響について、より多くの情報をもたらすことを期待しています。

陸域生態系の保護、回復、持続可能な利用の推進、持続可能な森林の経営、砂漠化への対処、ならびに土地の劣化の阻止・回復及び生物多様性の損失を阻止する

Protect, restore and promote sustainable use of terrestrial ecosystems, sustainably manage forests, combat desertification, and halt and reverse land degradation and halt biodiversity loss

　SDGs の 15 番目に来るのは、地上の持続可能な利用に関する目標です。14 番目の目標と同様に、①**森林破壊（deforestation）**と**砂漠化（desertification）**の食い止めといった環境保全活動、そして②**陸域生態系（terrestrial ecosystems）**の保全活動という二つの対処が必要とされています。

　日本では環境保全の観点から森林の整備や伐採・造林の計画といった森林経営の推進が進んでおり、生態系・生物多様性の保全については、**絶滅危惧種（threatened species）**[※1] 保護の強化や**外来種（alien species）**の管理が進められている状況です。生態系をおびやかす外来種問題については、国内ニュースでもよく報道されるためご存じの方も多いのではないでしょうか。

15.1　2020 年までに、国際協定の下での義務に則って、**森林、湿地、山地及び乾燥地（forests, wetlands, mountains and drylands）**をはじめとする**陸域生態系と内陸淡水生態系（terrestrial and inland freshwater ecosystems）**及びそれらのサービスの保全、回復及び持続可能な利用を確保する。

15.2　2020 年までに、あらゆる種類の森林の持続可能な経営の実施を促進し、森林減少を阻止し、**劣化した森林（degraded forests）**を回復し、世界全体で**新規植林及び再植林（afforestation and reforestation）**を大幅に増加させる。

15.8　2020 年までに、外来種の侵入を防止するとともに、これらの種による陸域・海洋生態系への影響を大幅に減少させるための対策を導入し、さらに**優先種の駆除または根絶（control or eradicate the priority species）**を行う。

（外務省作成の仮訳より一部変更して引用）

※1　環境省のレッドリストによれば、2015 年には 3,596 種いた絶滅危惧種が、2020 年には 3,716 種に増加している。

森林破壊によりもたらされる砂漠化は、気候変動調整機能と生態系の喪失を招きます。生態系サービスをこれからも享受できるように、森林の保護が必要とされています。

Photo: piyaset/iStockphaoto

　世界的に見ると、**愛知目標（Aichi Biodiversity Targets）**と合わせて2020年までに達成するとされていた生態系保護目標の多くが未達成となっていますが、一定の進歩も見ることができました。世界中で森林破壊が継続される一方で**森林保護（forest conservation）**も進んでおり、現在では森林の半分以上が保護管理対象となっています。多様性保全については、**生物多様性の保全の鍵になる重要な地域（Key Biodiversity Area: KBA）**が設定され、その半分以上が保護地域として指定されました。

　陸域や海洋の生態系は食物の供給だけでなく気候変動の調整も担っており、**生態系サービス（ecosystem services）**という形でさまざまな恩恵をもたらします。恩恵をもたらす生態系保護の重要性を意識することで、環境・生態系保護の英語ニュースも理解しやすくなるのではないでしょうか。

ピックアップ　テーマ 🔨 を深掘るキーワード

陸の生態系
natural habitats 自然生息地
inland waters 内陸水域
terrestrial 地上の、地球上の
flora 植物相（その地域に生息する植物種）
fauna 動物相（その地域に生息する動物種）

失われる自然生息地
deforestation 森林破壊
degradation 劣化
soil erosion 土壌流出（森林伐採などでむき出しになった土壌が風雨などで流出すること。土地の保水力が下がり、洪水の原因になったり農業生産力が低下したりする）
soil salinization 土壌の塩類化（地下水などから土壌にもたらされる塩分が、雨などで流れないまま蓄積された状態。植物が育たなくなり、砂漠化につながる）
desertification 砂漠化

おびやかされる生態系
endangered species 絶滅危惧種
extinct species 絶滅種
Red List レッドリスト（国際自然保護連合が作成した、絶滅の危険がある生物のリスト）
illegal wildlife products 違法な野生生物製品
poaching 密猟
zoonosis 人畜共通感染症（野生生物の密猟や違法取引により感染が広まることがある）
invasive alien species 侵略的外来種
encroachment 蚕食、侵略

生態系の恩恵を享受するために
Payment for Ecosystem Services 生態系サービスへの支払い（生態系がもたらす恩恵を可視化し、受益者に負担させるという考え方）
afforestation 植林
reforestation 森林再生

October 26, 2020

Study: Non-Native Species to Rise Sharply by 2050

研究結果：2050 年までに外来種が激増することが判明

外来種の増加は生態系維持にとって脅威です。この記事では世界での外来種増加に警鐘を鳴らす研究を紹介しています。外来種の増加は、今後どのように増えていくのでしょうか。

🔊 25

Researchers are predicting that the number of non-native species will rise by about 36 percent worldwide by 2050.

Non-native, or alien species, are plants or animals that humans have moved around the world to places where they are not naturally found. Sometimes the introduction of an alien species to an area is accidental. Sometimes, it is done on purpose.

Research shows the movement of plants and animals rose across the planet over the last century as human trade and travel opened up new worldwide pathways.

A new study predicts such movements are likely to continue, with the largest increases expected to be big insects, birds and small creatures such as mollusks and crustaceans.

Researchers are calling for more rules and better observation methods to help reduce the spread of alien species.

The findings were recently reported in the publication *Global Change Biology*.

non-native species：非在来種 **predict**：予測する	研究者たちは、2050年までに外来種の数が世界中でおよそ36パーセント増加するだろうと予測しています。
alien：外来の、異種の	非在来種、または外来種とは、動植物のうち、本来はそれが存在しない世界の各地に人間が持ち込んだもののことです。ある地域への外来種の侵入はときには偶然に起こります。またあるときは、それが意図的に行われます。
accidental：偶然の **on purpose**：意図的に	
pathway：経路	研究によれば、人間の商取引と旅行が世界規模で新たな移動経路を切り開いたため、前世紀に動植物の移動が地球全体で増加しました。
	新しい調査研究では、そのような移動が今後も続く可能性が高く、最も顕著に増加するのは大型の昆虫、鳥、そして軟体動物や甲殻類などの小さな生物であると予想されています。
mollusk：軟体動物 **crustacean**：甲殻類	
observation：監視、観察	研究者たちは外来種の拡散を減らすため、より多くの規制とより優れた監視方法の必要性を訴えています。
Global Change Biology： 『グローバル・チェンジ・バイオロジー』 （月刊の科学学術誌）	この調査結果は最近、学術雑誌『グローバル・チェンジ・バイオロジー』で報告されました。

Scientists involved in the study say more than 35,000 alien species had been identified in the most recent report on the subject in 2005. Some of the species can go on to become invasive, meaning they spread quickly in undesirable and harmful ways.

The study suggests alien species introductions will increase on every world continent. But the largest increases are predicted to be in Europe. The researchers estimate such species will increase 64 percent across Europe by around 2050.

Hanno Seebens is an ecologist at Germany's Senckenberg Biodiversity and Climate Research Centre. He was the lead writer of the study. "Together with climate change and land use change, invasive alien species are posing one of the greatest threats to biodiversity," Seebens said.

He added that a species can only arrive in a new area when human activity connects different areas. "When we extended our trade networks, we connected more and more (areas), which allowed more and more species to come."

The researchers developed a mathematical model to predict alien species introductions for each continent between 2005 and 2050. The model was based on past records of alien species introductions, as well as estimates of species that could end up becoming invasive if current movements continue.

invasive：侵略的な
undesirable：望ましくない

Senckenberg Biodiversity and Climate Research Centre：ゼンケンベルグ生物多様性・気候研究センター（ドイツに本拠を置く、世界各地の生態系を調査・研究する機関）
pose：〜を引き起こす
biodiversity：生物多様性

mathematical model：数理モデル

end up -ing：結果として〜となる

この調査に関わった科学者たちは、この問題に関する 2005 年の最新の報告書の中で、3 万 5,000 種を超える外来種が確認されたと述べています。そうした生物種の中には侵略的、つまり望ましくない有害な形で急速に広がる可能性を持つものもあります。

この研究は、外来種の侵入がすべての大陸で増加する可能性を示しています。ただし、最大の増加はヨーロッパで起こると予想されています。研究者たちは、そのような種が 2050 年頃までにヨーロッパ全体で 64 パーセント増加すると見積もっています。

ハノー・シーベンス氏は、ドイツのゼンケンベルグ生物多様性・気候研究センターの生態学者です。彼はこの調査報告書の筆頭著者でした。シーベンス氏は「気候変動や土地活用の変化とともに、侵略的な外来種が生物多様性にとって最大の脅威の一つとなっています」と述べています。

彼は、人間の活動が異なる地域の間にまたがるときにのみ、生物種は新たな地域にたどり着くことができると付け加えました。「私たちが貿易のネットワークを拡大したとき、私たちはより一層多く（の地域）を結びつけ、それによってますます多くの種がやって来ることを許したのです」。

研究者らは一つの数理モデルを開発し、2005 年から 2050 年までの各大陸における外来種の侵入を予測しました。このモデルは、外来種の侵入に関する過去の記録と、現在の移動が続いたときに結果として侵略的なものとなる可能性のある生物種の推定に基づいています。

part
3
地球

Cascade Sorte is a professor of ecology and evolutionary biology at the University of California Irvine. She was not part of the research. "We know that a certain proportion of alien species will be problematic, so the more of them that there are, the higher the likelihood that we'll have problems," she said.

Sorte described the latest predictions as "shocking" because even with the past rises in alien species, "there's even a possibility that things could get worse."

However, Hanno Seebens said it is possible the number of species could fall in the future based on continued rising movements. "We may just run out of species to be transported, because at some point, all species may have been transported already," he said.

I'm Bryan Lynn.

evolutionary：進化に関する

proportion：比率

likelihood：可能性

カスケード・ソーテ氏は、カリフォルニア大学アーバイン校の生態学及び進化生物学の教授です。彼女はこの研究には加わっていませんでした。彼女は「一定割合の外来種が問題を起こすことがわかっているので、外来種の数が多ければ多いほど、問題が発生する確率は高くなります」と述べました。

ソーテ氏は最新の予測値を「衝撃的」と表現しましたが、それはたとえ過去の外来種増加を考慮しても、「事態がさらに悪化する可能性さえある」からです。

しかしハノー・シーベンス氏は、継続的な上昇の動きを考慮すると、将来的に（外来）種の数は減少するかもしれないと述べています。彼は「ある時点で、すべての種がすでに運ばれてしまい、新たに運ばれる種が減るかもしれない」と述べています。

ブライアン・リンがお送りしました。

part **3**

地球

Part 4

平和・パートナーシップ
Peace·
Partnership

「5つのP」、4つ目と最後に来るのは Peace（平和）と Partnership（パートナーシップ）です。該当する目標はそれぞれ1つだけですが、どちらも SDGs 達成において重要な役割を果たします。

　日本で言えば、目標16は特に子どもの虐待防止に興味を持つ人の関心を引くことでしょう。また目標17は、ODA の提供やボランティア活動など、国際協力に興味を持つ人の関心を引きやすいのではないでしょうか。ぜひ自分の興味に近い目標から理解を深めていき、英語ニュースを読んだり聞いたりすることで SDGs についてさらに理解し、SDGs への取り組みへと繋げていってください。

Photo: SvetaZi/iStockphaoto,Productions/iStockphaoto,syntika/iStockphaoto

持続可能な開発のための平和で包摂的な社会を促進し、すべての人々に司法へのアクセスを提供し、あらゆるレベルにおいて効果的で説明責任のある包摂的な制度を構築する

Promote peaceful and inclusive societies for sustainable development, provide access to justice for all and build effective, accountable and inclusive institutions at all levels

　SDGs の 16 番目に来るのは、平和に関する達成目標です。日本で「平和」というと、国家間戦争や国内紛争がないことを思い浮かべるかも知れません。ですが、ここでいう平和は、治安の良さや**司法（justice）**の十分な機能、また個人が**いじめ（bullying）**や**暴力（violence）**から自由であることも意味します。

　日本では主に子どもに焦点を当てた取り組みが進行しています。子どもにとっての平和については、児童相談所への虐待相談件数[※1]が年々増加する中、2020 年には親から子どもへの**体罰（corporal punishment）**の禁止や児童相談所の機能強化を定めた改正児童虐待防止法が施行されました。

16.1　あらゆる場所において、すべての形態の暴力及び暴力に**関連する死亡率（related death rates）**を大幅に減少させる。

16.2　子どもに対する**虐待、搾取、取引（abuse, exploitation, trafficking）**及びあらゆる形態の暴力及び拷問を撲滅する。

16.6　あらゆるレベルにおいて、**実効性を持ち、説明責任のある透明性の高い制度・機関（effective, accountable and transparent institutions）**を発展させる。

（外務省作成の仮訳より一部変更して引用）

※ 1　厚生労働省の調査によると、児童相談所での児童虐待相談対応件数は 2015 年に 12 万件あったものが、2019 年現在 19 万件に増加している。相談内容としては心理的虐待が 2019 年現在 56% と最も多く、次いで身体的虐待が 25%、ネグレクトが 17% となっている。心理的虐待には子どもへの言葉による脅迫だけでなく目の前での家庭内暴力（DV）も含まれており、DV の抑止も虐待防止には重要とされている。

平和を維持するための制度・機関は、私たちが持続可能な開発に取り組むために必要なものです。身近なところの平和に、まずは目を向けてはみませんか。

世界的には、**国際法（International Law）**による保護があるにもかかわらず、**武力紛争（armed conflicts）**による**難民（refugee）**の発生、**民間人（civilian）**への被害が、平和面での大きな課題となっています。また子どもの４分の１が**出生登録（birth registration）**されず法的保護を受けられないことや、**判決の下りていない（unsentenced）**囚人の長期**勾留（detention）**により刑務所が**過密状態（overcrowding）**になっていることも問題となっています。

平和に関する目標は、戦争の抑止や社会の保護を受けられない人々の救済だけでなく、身近なところで起きる暴力の抑止も含んだ目標です。他の SDGs 達成とも関わってくる目標となるため、この目標への理解を深めることで、他の SDGs 関連の英語ニュースもより深く理解することができるでしょう。

part 4

平和・パートナーシップ

ピックアップ テーマ 🔨 を深掘るキーワード

司法制度に関するワード

access to justice 司法制度へのアクセス

supreme court 最高裁判所

penal institution 刑務所、刑事施設

correctional institutions 矯正施設（刑務所だけでなく、拘置所、鑑別所なども含む）

unsentenced detainees 被疑時点での勾留

平和をおびやかすもの

homicides 殺人

persecution 迫害

violent extremist 暴力的な過激主義者

子どもをおびやかすもの

abuse 虐待

exploitation 搾取

human trafficking 人身売買

discipline しつけ

low self-esteem 低い自尊心

平和に向けた取り組み

International humanitarian law 国際人道法（武力紛争の際に適用される原則や規則。具体的にはジュネーヴ諸条約やその追加議定書を指す）

humanitarian aid 人道支援

The Christchurch Call to Action クライスト・チャーチ宣言（2019 年にニュージーランドのクライストチャーチで起きたテロ事件で残虐な動画が流されたことを契機に宣言された、インターネット上から暴力的なコンテンツを取り除く取り組み）

Three Out of Four Children Experience Violence

世界の4人に3人の子どもが暴力を経験

子どもが暴力から自由であることは昔からの重要なテーマです。この記事では、世界の児童虐待に関する2017年の調査レポートを紹介しています。子どもへの暴力はどのようにして起こり、どのような影響をもたらすのでしょうか。

From VOA Learning English, this is the Health & Lifestyle report.

Each year nearly three out of four children around the world experience some kind of violence.

A new report confirms that finding and another troubling development: Childhood violence is linked with violence against women. Children who see their mother being abused are more likely to be abused as an adult or become abusers themselves.

The report is called "Ending Violence in Childhood: Global Report 2017."

The study was prepared for a children's rights group called Know Violence in Childhood. The organization was launched in India three years ago.

The study found that childhood violence happens nearly everywhere — in rich and poor countries alike. It affects an estimated 1.7 billion children every year.

https://learningenglish.voanews.com/
a/health-lifestyle-friends-3out-of-4-
children-experience-violence/4066066.
html

これは VOA Learning English がお届けする「健康
とライフスタイル」レポートです。

毎年、世界の子どもたちの 4 人に 3 人近くが何らか
の種類の暴力を経験しています。

confirm：確認する
troubling：問題となる、厄介な
development：進展
be linked with：～と結びついて
いる
be abused：虐待される
abuser：虐待者

最近出版された調査報告書では、その事実と、もう一
つ派生する厄介な問題が確認されています。すなわち、
子どものときに受ける暴力は、女性が受ける暴力と関
わりがあるのです。母親が虐待されるのを見て育った
子どもは、大人になったときに虐待されたり、自分が
虐待者になったりする可能性が高いのです。

この調査報告書は「Ending Violence in Childhood:
Global Report 2017（子どもが受ける暴力をなくすた
めに：グローバルレポート 2017）」と呼ばれています。

launch：始める

調査報告書は子どもの権利を守る団体「Know
Violence in Childhood（子どものときに受ける暴
力について知ろう）」のために作成されたものです。
同団体はインドで 3 年前に設立されました。

この調査によって、子どものときに受ける暴力はほ
とんどどこの国でも――国の貧富を問わず――起き
ていることがわかりました。毎年、推定 17 億人の
子どたちが影響を受けているのです。

part
4

平和・パートナーシップ

This violence includes fighting or bullying — the mistreatment or abuse of someone by a stronger or more powerful individual. It can also include sexual abuse, sexual violence and physical punishment, both at home and in school. The researchers did not include violence from war and other events.

Ramya Subrahmanian is executive director of Know Violence in Childhood. She said that children experience emotional and physical punishment at young ages — some from as early as two years of age.

She adds that violence is a learned behavior that comes from deep, long-held cultural values. For example, in some societies, beating is a form of discipline.

The researchers say there is also an economic cost to society when children experience violence. They found that children who experience violence at home are more likely to miss school or even leave school and never return. They are less likely to get an education and succeed in life.

Know Violence in Childhood reports that up to 8% of the world's Gross Domestic Product (GDP) is spent on repairing the damage caused by childhood violence. GDP is usually defined as the total value of all goods and services. The report notes that even with such a high cost, governments fail to invest in policies that could stop the causes of childhood violence.

The group's website explores ways to end the violence.

fighting：喧嘩
bullying：いじめ
mistreatment：酷使、虐待
sexual abuse：性的虐待
sexual violence：性的暴力
physical punishment：体罰

ここで言う暴力には喧嘩やいじめ——本人よりも力の強い、あるいは権力のある個人による酷使や虐待も含まれます。また、家庭や学校における性的虐待、性的暴力、体罰なども含まれている可能性があります。戦争・紛争などに起因する暴力行為は含まれていません。

ラミヤ・サブラマニアン氏は「Know Violence in Childhood」の事務局長です。サブラマニアン氏によれば、子どもたちは幼いときから、ときには2歳という幼さで精神的・肉体的に「おしおき」を受けています。

learned behavior：学習して身についた行為
cultural value：文化的価値
beating：叩くこと
discipline：しつけ

サブラマニアン氏はさらに、暴力は学習して身につく行為であって、長年、社会に深く根づいている文化的価値観からきていると述べています。たとえば社会によっては、子どもを叩くのはしつけの一形態なのです。

economic cost：経済損失

研究グループは、子どもたちが暴力を経験すると社会に経済損失が生じると報告しています。今回の調査で、家庭内暴力を経験する子どもたちは学校を休んだり、中退したりする可能性が高いことがわかりました。そのような子どもたちが教育を受けて豊かな人生を送る可能性は低いのです。

Gross Domestic Product (GDP)：国内総生産
note：指摘する
policy：対策、政策
cause：原因

explore：検討する

「Know Violence in Childhood」の今回の報告書によると、世界各国は国内総生産（GDP）の最大8パーセントまでを、子どものときに受けた暴力が原因の被害の修復に費やしています。GDPとは（一定期間内に国内で生み出された）モノやサービスの付加価値の総額のことです。この報告書では、そのように大きな経済損失があっても、各国政府は子どもが受ける暴力の原因をなくすための政策に投資しようとはしないと指摘しています。

研究グループのウェブサイトではこのような暴力をなくす方法を検討しています。

It reports that experts say the first step is to speak out about violence against children. Keeping silent only increases the chance that violence will continue. The experts also say that is important to educate caregivers and empower children to be strong and resilient.

The report says that anti-violence education needs to be included in school systems, community programs and in health services.

And that's the Health & Lifestyle report.

I'm Anna Matteo.

health service：医療サービス機関

このウェブサイトによると、専門家たちはまず何よりも、子どもに対する暴力について声をあげるようにとアドバイスしています。黙っていると暴力が継続する可能性が高くなるだけなのです。声をあげることはまた、子どもの世話をする人たちを教育し、子どもたちを強く、回復しやすいようにしてあげるためにも重要だと専門家たちは述べています。

今回の報告書によると、暴力をなくすための教育を学校の教育課程や地域社会のプログラム、医療サービス機関でも行う必要があるのです。

これで「健康とライフスタイル」レポートを終わります。

アンナ・マテオがお届けしました。

part
4

平和・パートナーシップ

Japan's Detention Center Holds Many Without Convictions

日本の拘置所、有罪判決を待たずに多くを収容

目標 16 では、司法は合理的で短期間かつ公正な裁判を約束するものと期待されています。この記事では日本の拘留制度が批判的に紹介されていますが、どの部分が特に批判されているのでしょうか。

🔊 27

Former Nissan Chairman Carlos Ghosn recently was held in the Tokyo Detention House, which looks like a high-security prison. Most of its inmates, however, are like Ghosn: they are being held there but have not been convicted of a crime.

Japan has a system that often refuses bail while suspects await trial. Law enforcement officials may hold suspects for months. Many international observers have criticized this system calling it, "hostage justice."

International reporters got a rare tour of the plain, but orderly detention building on Monday. They were shown the floors that do not house detainees, or inmates.

Each cell is for one inmate. It has a toilet, bedding, a shelf and a sink. A window looks out into a small area of sky. Simple meals of rice and soup with a small piece of meat or fish are served out of a sliding window.

https://learningenglish.voanews.com/
a/japan-detention-center-holds-many-
without-convictions/4953159.html

detention center：拘置所
hold：収容する
conviction：有罪（判決）
Tokyo Detention House：東京拘置所
inmate：（刑務所などの）被収容者
be convicted of：～の有罪判決を受ける
bail：保釈金、保釈
suspect：容疑者
await trial：裁判を待つ
law enforcement official：法執行機関の当局者、ここでは「検察官」
international observers：国際監視団
hostage justice：「人質司法」（日本の司法制度における身柄拘束に関する問題点として指摘される際に使われる言葉）
orderly：整然とした、きちんとした
house：収容する、寝泊まりさせる
detainee：勾留者
cell：（刑務所の）監房

カルロス・ゴーン元日産自動車会長は先ごろ東京拘置所に勾留されましたが、この拘置所は厳重に警備された刑務所のようなところです。しかし、そこに収容されている人のほとんどがゴーン氏と同様の状態です。つまり、勾留されていても、まだ有罪と決まっているわけではないのです。

日本の（保釈）制度では、容疑者が裁判を待つ間の保釈を認めないことがよくあり、警察は数カ月にわたって容疑者を拘束してよいのです。国際監視団はこの制度を「人質司法」と呼んで批判してきました。

月曜日（6月10日）、外国人記者たちは、質素ながらも整然とした東京拘置所の、滅多に行われない見学ツアーに参加しました。記者たちは勾留者、すなわち被収容者が誰も入っていないフロアを見せてもらいました。

どの監房も一人用で、便器、寝具、棚、洗面台が付いています。窓から少しだけ空が見えます。ご飯、汁物、少量の肉または魚料理といった簡単な食事が、引き上げ式の窓口から給仕されます。

part
4

平和・パートナーシップ

Ghosn spent more than 100 days at the detention center over several separate detention periods. He says he is innocent of financial crimes.

Currently, Ghosn is out awaiting trial. But 1,216 of the 1,758 current inmates have not been convicted. They are in prison and are awaiting trial.

A single cell measures 7.5 square meters. The tour also showed a small exercise area. Inmates can go there for just 30 minutes a day.

There is also a small store where visitors and inmates can buy snacks.

Many nations have bad detention conditions. In Thailand, for example, suspects can be held in chains as they wait for a trial.

Detentions can also be long in the United States, especially for people suspected of serious crimes such as terrorism. But generally, a person is considered innocent and has the right to have a lawyer present when they are questioned. A suspect is freed within 72 hours if there is no charge.

Suspects in Japan can be questioned by officials without a lawyer present. They can be held up to 23 days for each possible charge without the possibility of bail. Government lawyers can add charges to lengthen the detention.

The interrogation rooms where suspects are questioned were not shown during the tour.

ゴーン氏はこの拘置所で 100 日以上を、何回かの拘置期間にわたって過ごしました。彼は金融関係の犯罪において自分は無実だと主張しています。

現在、ゴーン氏は出所して裁判待ちの状態です。しかし、現在収容されている 1,758 人のうち 1,216 人はまだ有罪と決まっているわけではありません。彼らは拘置所で裁判を待っているのです。

measure：(重さ、広さ) がある

独房一部屋の面積は 7.5 平方メートル。今回のツアーでは小さな運動場も見せてくれました。収容されている人たちは 1 日に 30 分だけそこに行くことが許されます。

また、面会人や勾留者がスナック類を買うことのできる売店もあります。

ひどい拘置状態の国はたくさんあります。たとえばタイでは、容疑者は裁判を待つ期間、鎖につながれている場合もあります。

勾留期間はアメリカ合衆国でも、特にテロなど重罪容疑者の場合は長くなる可能性があります。しかし、一般に人は (有罪判決が出るまでは) 無罪だと見なされていて、尋問を受けるときは弁護士に立ち会ってもらう権利があります。そして不起訴となれば、容疑者は 72 時間以内に釈放されます。

innocent：無実 [無罪] の
lawyer：弁護士
present：立ち会って
question：尋問する
free：釈放する
no charge：起訴されないこと
official：検察
government lawyer：ここでは「検察官」
lengthen：延長する

日本では、容疑者は弁護士の立会いなしに検察官によって尋問される可能性があります。また、保釈の可能性もない状態で、各容疑につき最長 23 日勾留されることもありえます。検察官は罪状を追加して拘留期間を延ばすことができます。

interrogation room：取調室

容疑者が尋問を受ける取り調べ室は、今回のツアーでは見せてもらえませんでした。

Warden Shigeru Takenaka agreed conditions could be improved. But, he said that public opinion would not accept "fancy" conditions.

Those suspected of a crime are ostracized in Japan. The social shame means few people speak out against conditions in the center.

Those who do say they felt without hope at the Tokyo Detention House.

Yuji Hosono is a former representative partner at the financial company KPMG Japan. He was detained for 90 days after he was accused of faking financial records. He said he thought it would never end.

He was convicted after taking his case to the Supreme Court.

He said some workers at the Tokyo Detention House were nice. When going to be questioned, they told him to "hang in there."

Foreigners make up 14% of those at the detention house. About one third of the inmates are from China, followed by Vietnam and South Korea. Americans make up 4% of the foreign inmates.

The most common charge is theft, followed by drug use.

Takenaka stressed that his inmates were safe, unlike American prisons where violence is common.

"They don't have to defend themselves as in the West. They are protected," he told reporters.

I'm Susan Shand.

warden：拘置所の所長
condition：状態
fancy：しゃれた、派手な

ostracize：（社会的に）締め出す、村八分にする

be accused of：〜の罪に問われる
faking financial records：財務記録を偽造すること。ここでは「キャッツ有価証券報告書虚偽記載」のこと
be convicted：有罪判決を受ける
take one's case to the supreme court：最高裁判所に上告する
hang in there：頑張る

theft：窃盗
drug use：薬物使用

prison：刑務所、拘置所

同拘置所の竹中樹所長は環境改善には賛意を示しています。しかし、世論が「しゃれた」環境を受け入れないだろうというのです。

日本では犯罪容疑者は村八分にされます。彼らは社会の恥であるとして、拘置所の状態に抗議して声をあげる人はほとんどいません。

実際に声をあげる人たちであっても、東京拘置所では望みはないと思うと述べています。

細野祐二氏は監査法人KPMGの元代表社員です。彼は粉飾決算疑惑で90日間勾留されました。彼は、勾留はいつまでも終わらないと思ったと語りました。

細野氏は最高裁まで上告していき、有罪判決を受けました。

細野氏は、東京拘置所の職員たちの中には親切な人もいたと語ります。その人たちは、尋問されに行く彼に「頑張れ」と声をかけてくれたそうです。

東京拘置所に勾留されている人の14パーセントは外国人です。その3分の1が中国人で、ベトナム人、韓国人と続きます。アメリカ人は外国人勾留者の4パーセントを占めます。

最も多い容疑は窃盗、続いて薬物使用です。

竹中所長は、ここに勾留されている人たちは、暴力行為がよく見受けられるアメリカの刑務所と違って、安全だと強調します。

「ここでは欧米と違って自分を守る必要はありません。みんな守られているのです」と彼は記者団に語りました。

以上、スーザン・シャンドがお伝えしました。

目標 17 パートナーシップで目標を達成しよう

持続可能な開発のための実施手段を強化し、グローバル・パートナーシップを活性化する

Strengthen the means of implementation and revitalize the Global Partnership for Sustainable Development

SDGs の最後に来るのは、これまでの目標を達成するための、国内外における協力に関する目標です。SDGs の達成は国家単体や国家間の取り組みだけでは難しく、企業や自治体、そして私たち一人一人の協力が必要とされています。

2020 年が「行動の 10 年」と銘打たれたことを契機に、日本では各種メディアでの報道や企業・自治体の広報活動により SDGs の認知度が高まっています。特に若年層では学習指導要領の改訂で持続可能な開発のための教育が学校現場で本格的に取り入れられ始めたこともあり、SDGs への関心が高まっています。

企業や自治体に対してはジャパン SDGs アワードの設置や **ESG 投資** (Environment, Social and Governance investing) ※1 の推進などで、SDGs 達成に向けた取り組みが推進されています。今後は各**ステークホルダー** (stakeholder、利害関係者) の役割整理がなされ、SDGs 達成に向けた協力・取り組みの組織化・体系化が進むでしょう。SDGs を合言葉に、さまざまな団体・個人が互いの資源を持ち寄って協力し合う社会が近づいているのです。

17.16 すべての国々、特に開発途上国での持続可能な開発目標の達成を支援すべく、**知識、専門的知見、技術及び資金源** (knowledge, expertise, technology and financial resources) を動員、共有する**マルチステークホルダー・パートナーシップ** (multi-stakeholder partnerships) によって補完しつつ、持続可能な開発のためのグローバル・パートナーシップを強化する。

17.17 さまざまなパートナーシップの経験や**資源戦略** (resourcing strategies) をもとにした、効果的な**公的、官民、市民社会のパートナーシップ** (public, public-private and civil society partnerships) を奨励・推進する。

(外務省作成の仮訳より一部変更して引用)

※1 環境 (Environment)・社会 (Social)・企業内統治 (Governance) いずれか、あるいはすべてへの配慮がなされている企業への投資活動。ESG への配慮がなされている企業は長期的な成長が期待できるとされる。

236

SDGs の達成は、地球上に存在するありとあらゆる主体の協力があってはじめて現実的になるものです。コロナに対抗するためのワクチン普及で各国が協力したように、SDGs 達成のためにこれからもさまざまなレベルでの協力関係の構築が進んでいくでしょう。

Photo: 123ArtistImages/iStockphaoto

　SDGs 全体の達成に向けた取り組みは、世界レベルで見ると **ODA（Official Development Assistance: 政府開発援助）** をはじめとした資金援助の維持・増加や、**科学、技術、イノベーション（science, technology and innovation）** へのアクセス援助、また SDGs の進行把握に必要な**信頼性の高い（reliable）** データ収集の**能力開発（capacity-building）** への援助が行われています。しかしコロナの流行により金銭面での国際協力は一時的に規模が縮小しており、国際的な**外国直接投資（foreign direct investment: FDI）** も 2020 年には前年比で 35% 減少しました[2]。

　コロナの流行により、国際的な協力網は一時的に縮小傾向にあります。しかし国内での協力体制は徐々にできあがりつつあり、優れた取り組み事例も生まれています。英語ニュースを理解することができれば、日本国内だけでなく、海外の優れた取り組み事例も集められるようになるでしょう。

ピックアップ　テーマを深掘る　キーワード

SDGs 達成のための国際協力

Global Partnership グローバル・パートナーシップ（貧しい人々や脆弱な状況にある人々も意識した、あらゆる主体による連携）

North-South cooperation 南北協力（先進国による開発途上国への開発協力。南北の由来は北半球に先進国が多く、南半球に開発途上国が多いことから）

South-South cooperation 南南協力（開発途上国から開発途上国への開発協力。先進国による直接協力よりも、経費面や文化障壁面で有利）

triangular cooperation 三角協力（南南協力に先進国の協力が加わった形。協力側となる開発途上国の能力不足を補うために行われる）

Official Development Assistance (ODA) 政府開発援助

SDGs 達成に向けた行動

Addis Ababa Action Agenda アディスアベバ行動目標（2015 年に採択された、SDGs 達成に向けた世界規模での資金動員枠組み。ここで民間企業の重要性が確認された）

private sector 民間部門（大小あらゆる規模の企業や協同組合、自治体や慈善団体等などを指す）

fair trade フェアトレード（開発途上国の商品を適正価格で購入することを通じ、その国の生産者や労働者の生活改善と自立を目指す運動）

Foreign Direct Investment 海外直接投資

※ 2　国際連合貿易開発会議（UNCTAD）のレポートによれば、2020 年の海外投資総額は約 100 兆円、前年比で約 50 兆円減少した。内訳では先進国への投資が58% 減少した一方、開発途上国への投資は8% の減少にとどまった。　237

Leaders of 23 Countries Support Treaty for Health Emergencies

世界 23 カ国の首脳、「パンデミック条約」 制定を支持

SDGs のように、世界的な問題は各国間の協議によって解決が目指されます。この記事ではコロナの流行対策に向けた枠組みの作成が支持されたことを報じています。この枠組みを、各国はどのような立場で支持しているのでしょうか。

🔊 28

Leaders of 23 countries and the World Health Organization (WHO) on Tuesday supported an idea to create an international treaty for health emergencies. The treaty would strengthen rules on sharing information.

The idea of such a treaty was first suggested by President of the European Council Charles Michel at a meeting of the Group of 20 major economic powers last November. The treaty would try to ensure that every country would have an equal ability to get vaccines, medicine and needed equipment for widespread health crises.

Diplomats say WHO Director-General Tedros Adhanom Ghebreyesus has agreed with the idea, but official talks have not begun.

Tedros told a news conference on Tuesday that a treaty would solve the problems that many countries experienced after COVID-19 first appeared. He said the first written attempt at a resolution on negotiations could be presented to the WHO's 194 member states at their yearly meeting in May.

https://learningenglish.voanews.com/a/
leaders-of-23-countries-support-treaty-
for-health-emergencies/5834127.html

treaty：条約
health emergencies：健康危機、健康上の緊急事態
strengthen：強化する
rule：規則、規定
sharing information：情報の共有
President of the European Council Charles Michel：欧州理事会のシャルル・ミシェル常任議長
Group of 20：G20（世界的に重要な経済金融問題を協議する国際会議のメンバーである20カ国からなるグループ）
major economic powers：経済大国
ensure：確実にする、保証する
diplomat：外交官

written：書面による
attempt：試案、草案
resolution：決議
negotiation：交渉［合意］すべき項目

世界23カ国の首脳と世界保健機関（WHO）は火曜日、今後の健康危機に備えるための国際条約（パンデミック条約）を制定するという構想を支持しました。そのような条約はデータ共有に関する取り決めを強化することになるでしょう。

このような条約の構想が欧州理事会のシャルル・ミシェル議長によって最初に提議されたのは、昨年11月に（オンライン形式で）開催されたG20首脳会議の際でした。この条約は、広範囲に及ぶ健康危機が発生した場合には、すべての国がワクチンや治療薬、必要な機器に公平にアクセスできるように保証しようとするものです。

外交官たちは、WHOのテドロス・アダノム・ゲブレイェスス事務局長はこの構想に賛意を示したと報告していますが、公式の協議はまだ始まっていません。

テドロス事務局長は火曜日（3月30日）の記者会見で、そのような条約があればCOVID-19が最初に発見されてから多くの国が経験している問題を解決してくれるだろうと語りました。また、交渉についての書面による最初の決議草案は、5月に開催されるWHOの年次総会で加盟国194カ国に提示されるだろうと述べました。

The WHO has been criticized for how it dealt with the COVID-19 health crisis. It was accused by the administration of former U.S. President Donald Trump of helping China hide the beginning of the coronavirus' spread. The United Nations health agency denies this.

On Monday, Reuters saw the results of a joint WHO-China study on the virus's origins. It said the virus had probably moved from bats to humans through another animal. It also said that a leak from a virus lab was "extremely unlikely" as the cause. The study, however, left many questions unanswered and called for more research.

On Tuesday, the treaty proposal got the support of the leaders of Fiji, Portugal, Romania, Britain, Rwanda, Kenya, France, Germany, Greece, South Korea, Chile, Costa Rica, Albania and South Africa. Leaders of Trinidad and Tobago, the Netherlands, Tunisia, Senegal, Spain, Norway, Serbia, Indonesia, Ukraine and the WHO itself also offered their support.

"There will be other pandemics and other major health emergencies. No single government or multilateral agency can address this threat alone," the leaders wrote in a joint statement in several large newspapers.

"We believe that nations should work together towards a new international treaty for pandemic preparedness and response," it said.

criticize：批判する
accuse：非難する
administration：政権、政府
United Nations health
agency：国連の保健機関、つまり
「世界保健機関」

Reuters：ロイター通信
virus's origin：ウイルスの起源

leak：もれること、流出
virus lab：ウイルス研究所
unlikely：ありそうもない
cause：原因
call for：求める

pandemic：パンデミック（感染
症の世界的大流行）
multilateral agency：多国間機関
address：（問題など）に取り組む
［対処する］
joint statement：共同声明

preparedness and
response：備えと対応

WHO は COVID-19 感染拡大による健康危機への
対応のあり方を批判されてきました。WHO は新型
コロナウイルス感染が始まったことを中国政府が隠
すのに一役買ったとして、ドナルド・トランプ前政
権によって非難されました。WHO はそのようなこ
とを否定しています。

月曜日、ロイター通信は、新型コロナウイルスの起源
についての WHO と中国による共同調査の報告書を
入手しました。それには、ウイルスはおそらくコウモ
リから別の動物を介して人間に感染したのだろうと述
べられており、（武漢の）ウイルス研究所から流出し
たという説については「可能性がきわめて低い」とし
ています。しかし、この報告書では多くの疑問が未回
答のままで、さらなる調査が求められています。

火曜日、「パンデミック条約」制定の構想について、
以下の国の指導者たちが連名で支持を表明しました。
フィジー、ポルトガル、ルーマニア、イギリス、ル
ワンダ、ケニア、フランス、ドイツ、ギリシャ、韓国、
チリ、コスタリカ、アルバニア、南アフリカの指導
者たちです。それに、トリニダード・トバゴ、オラ
ンダ、チュニジア、セネガル、スペイン、ノルウェー、
セルビア、インドネシア、ウクライナのリーダーたち、
そして WHO も支持を表明しました。

首脳らは主要紙に次のような共同声明を出しました。
「今後も別のパンデミックや、重大な健康上の緊急事
態は発生するでしょう。そのとき一国の政府や多国間
機関が単独でこの脅威に対処することはできません」。

共同声明にはさらに「パンデミックに対して準備・対
応するための新しい国際条約に向けて、各国が協力す
べきだと私たちは信じています」と述べています。

part
4

平和・パートナーシップ

The leaders of China and the United States did not sign the statement. However, Tedros said both countries had been supportive of the idea of a treaty. He also said all countries would be represented in the talks.

The treaty would work with the WHO's International Health Regulations. They are rules that have been in force since 2005. Nations would work together to control supplies, share virus samples, research and development, the WHO's assistant director said.

I'm Susan Shand.

中国の国家主席とアメリカ大統領はこの共同声明に署名していません。しかし、WHOのテドロス事務局長は、中国もアメリカも条約の構想を支持していたと述べ、協議にはすべての国が参加するだろうと期待を示しました。

この条約はWHOの国際保健規則と連携しています。国際保健規則は2005年から施行されています。WHOの事務局長補は、各国は協力してワクチンの供給を管理し、ウイルスサンプルを共有し、共同で研究開発を行うだろうと述べています。

スーザン・シャンドがお伝えしました。

International Health Regulations：国際保健規則（感染症などによる国際的な健康危機に対応するためにWHOが定めた規則。「国際交通に与える影響を最小限に抑えつつ、疾病の国際的伝播を最大限防止すること」を目的とする）

WHO's assistant director：WHOの事務局長補。ここではDr.Mariangela Batista Galvão Simão（マリアンジェラ・シモン）氏を指す。

part 4
平和・パートナーシップ

巻末資料：参考 URL

SDGs 全般

- Transforming our world: the 2030 Agenda for Sustainable Development：
  https://sdgs.un.org/2030agenda
    - SDGs が記載されている、国連の文書（英語）
- The Sustainable Development Goals Report 2020：https://unstats.
  un.org/sdgs/report/2020/
    - 国連統計部が作成・公開している、SDGs の全世界進捗レポート（英語）
- Sustainable Development Report：https://dashboards.sdgindex.org/
    - 国連事務総長の後援による Sustainable Development Solutions Network
      （SDSN）と、ドイツのベルテルスマン財団が作成している SDGs の全世界達成
      進捗レポート（英語）
- JAPAN SDGs Action Plattform：https://www.mofa.go.jp/mofaj/
  gaiko/oda/sdgs/index.html
    - 外務省が運営する、日本の SDGs 情報プラットフォーム

目標 1：貧困をなくそう

- Poverty headcount ratio at \$1.90 a day (2011 PPP) (% of population) -
  The World Bank Group：https://data.worldbank.org/indicator/SI.POV.DDAY
    - 世界銀行が運営するデータバンクの、極度の貧困率データ（英語）

目標 2：飢餓をゼロに

- The State of Food Security and Nutrition in the World：http://www.
  fao.org/publications/sofi
    - 国連の食糧農業機関（FAO）が作成・公開している、世界の食料安全保障と栄養
      に関する調査レポート（英語）

目標 5：ジェンダー平等を実現しよう

- Global Gender Gap Report 2021 - World Economic Forum：
  https://www.weforum.org/reports/global-gender-gap-report-2021
    - 世界経済フォーラムが作成・公開している、ジェンダー平等に関する調査レポート
      （英語）

目標 6：安全な水とトイレを世界中に

- Water Scarcity - UN Water：https://www.unwater.org/water-facts/scarcity/
    - 国連の水不足に関する情報ページ（英語）
- AQUEDUCT - World Resources Institute：https://www.wri.org/aqueduct
    - 非営利の研究団体世界資源研究所が作成・公開している、世界各地域のさまざま
      な水リスクを表したオンライン地図

目標 7：エネルギーをみんなに そしてクリーンに

- **TRACKING SDG 7**：https://trackingsdg7.esmap.org/
  国際エネルギー機関（IEA）や国連統計部、世界銀行などが協力して運営している、目標 7 について世界的な状況を調査・公開しているウェブサイト（英語）

- **Statistical Review of World Energy - BP p.l.c.**：https://www.bp.com/en/global/corporate/energy-economics/statistical-review-of-world-energy.html
  BP 社（国際的な石油企業）が作成・公開している、世界のエネルギー利用に関する統計調査レポート（英語）

目標 8：働きがいも 経済成長も

- **世界経済見通し - The World Bank Group**：https://www.worldbank.org/ja/publication/global-economic-prospects
  世界銀行が作成・公開している、世界経済の見通しに関するレポート（Web ページは日本語だが、入手できるレポートは英語）

目標 9：産業と技術革新の基盤をつくろう

- **Global Innovation Index 2020**：https://www.globalinnovationindex.org/Home
  アメリカのコーネル大学、フランスの欧州経営大学院、国連の世界知的所有権機関が合同で作成・公開している、世界のイノベーション環境に関する調査レポート（英語）

目標 11：つくる責任 つかう責任

- **A/CONF.216/5**：https://undocs.org/en/A/CONF.216/5
  持続的な生産と消費に関する 10 年計画枠組みの、国連採択文書（英語）

- **The One Planet Network**：https://www.oneplanetnetwork.org/
  国連が運営する、持続可能な生産消費に関する情報ポータル（英語）

目標 13：気候変動に具体的な対策を

- **The Paris Agreement - UNFCC**：https://unfccc.int/process-and-meetings/the-paris-agreement/the-paris-agreement
  パリ条約に関する、国連気候変動枠組条約の情報ページ（英語）

目標 14：海の豊かさを守ろう

- **Ocean Health Index Science**：https://ohi-science.org/
  海洋健全度指数（OHI）に関する各種情報・指標が掲載されている情報ポータル（英語）

VOAで聞き読み
SDGs 英語ニュース入門

2021 年 8 月 5 日　第 1 版第 1 刷発行
2021 年 11 月 19 日　第 1 版第 2 刷発行

編・コスモピア e ステーション編集部

装丁・本文デザイン：松本田鶴子

表紙写真：gustavofrazao/iStockphoto

校正：高橋清貴

英文作成・校正：Sean McGee

本文写真：iStockphoto

発行人：坂本由子

発行所：コスモピア株式会社
　　　　〒 151-0053　東京都渋谷区代々木 4-36-4　MC ビル 2F
営業部：TEL: 03-5302-8378 email: mas@cosmopier.com
編集部：TEL: 03-5302-8379 email: editorial@cosmopier.com

https://www.cosmopier.com/　［コスモピア・全般］
https://www.e-st.cosmopier.com/　［コスモピア e ステーション］
https://www.kids-ebc.com/　［子ども英語ブッククラブ］

印刷：シナノ印刷株式会社